願いは「もう一人の自分」が叶えてくれる

越川宗亮 著

Sousuke Koshikawa

MAP出版

まえがき

願いはすべて「もう一人の自分」が叶えてくれる

本書はあなたの中に眠る「もう一人の自分」を目覚めさせる本です。

「もう一人の自分」は誰の中にも存在し、非常に高い知性と賢明さを持ち合わせ、人知を超える無限の可能性を持つ存在です。

「もう一人の自分」と出会うことで、あなたの人生は驚くほど開け、好転していくことでしょう。それは何歳であっても、です。

あなたの願いはすべて「もう一人の自分」が叶えてくれるのです。

時々、普通では考えられない、驚異的な能力を持つ人の話を聞きます。

たとえば「東西南北」がわかる人です。初めての場所でも「こっちが北」「あっちが西」とわかるのだそうです。地図が頭に入っているとか、太陽の位置やその他の目印で見当をつけるのではなく、「感覚」でわかるといいます。

でも本来、それは誰もが持っている能力のはずです。地球には地磁気（地球の磁力）があり、方位磁石はその微細な地磁気に反応することでN極（北）を示します。それと同じで人間にも本来、地磁気を読み取る力があるはずです。私も含めて、現代人のほとんどはその力が眠っているだけなのです。

人間の潜在能力は計り知れないものがあります。眠れる潜在能力を目覚めさせ、本来の能力を発揮できれば、無限の宇宙のパワーとつながり、あなたの人生にミラクルが起こることでしょう。

人が本来持てる、計り知れない潜在的な能力、それこそが「もう一人の自分」です。

人生にはいろいろなことが起こります。迷うことや悩みもあるし、つらいこと、苦しいことも起こるでしょう。

しかし「もう一人の自分」に目覚めることができれば、深い気づきが起こり、あなたの進むべき道や、問題を解決するためのヒントが直感的にわかるようになります。

そして願いを叶える方法がわかるようになるし、信じられないようなラッキーな出来事も次々と起こるでしょう。


子どもの頃、テレビで『ドラえもん』を見て「いいなぁ」「自分にもドラえもんがいてくれたらどんなにいいだろう？」と思ったことはないでしょうか。

「もう一人の自分」こそ「ドラえもん」的な存在。あなたが困ったときに「大いなる叡知」をポケットから取り出して助けてくれる、「あなた専属のドラえもん」。こんな力強い味方がいるでしょうか。


「もう一人の自分」の存在に気づけば、「人生、何があっても大丈夫」と思えるはずです。

「もう一人の自分」は今もあなたの傍らにいて、あなたからの問いかけを待っています。

本書を読まれたみなさんが、「もう一人の自分」に目覚め、メッセージを受け取ることで最高の人生を送ることができることを心から願っています。

マヤ暦研究家・一般社団法人シンクロニシティ研究会　代表　越川宗亮《こしかわそうすけ》

＊本書の構成について＊

・プロローグでは「もう一人の自分」からのメッセージを受け取るために重要な2つの意識、「もう一人の自分」について書かれた禁断の書の紹介、「もう一人の自分」とマヤ暦の関係、私に訪れた不思議な出会い、そして「もう一人の自分」とはどのようなものかについて書いています。

・第１章は、「もう一人の自分」を目覚めさせるために欠くことのできない「松果体」について述べています。

・第2章は、「もう一人の自分」からのメッセージを受け取ることによってどんなミラクルが起こるか、実際の例を挙げています。
・第3章は、どうすれば「もう一人の自分」が目覚め、メッセージを受け取ることができるのか、その具体的な方法について述べました。この章を読めば、どなたも「もう一人の自分」に目覚めることができるでしょう。
・第4章は、私が研究するマヤ暦を使い、「もう一人の自分」が目覚める生き方のコツについて書いています。
・エピローグでは、アフターコロナの新しい時代において、どんな心構えを持って生きていけばいいいか、私の考えを述べました。

本書の特徴として、どこから読んでもOKな構成となっています。気軽に楽しく読んでいただきたいと思います。

Contents

第1章 松果体《しょうかたい》が目覚めれば「もう一人の自分」と出会える

第2章　「もう一人の自分」からメッセージを受け取る時

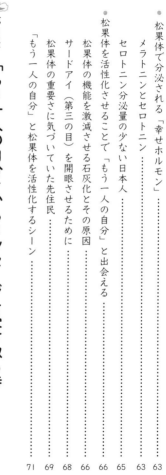

第3章 「もう一人の自分」が目覚める方法

第4章 マヤ暦で知る「もう一人の自分」

✦エピローグ

プロローグ

AIが絶対に人間に勝てないものとは

「もう一人の自分」に出会うためには大切な意識が2つあります。それは「思い出す」、そして「(メッセージを)受け取る」の2つの意識です。

まずはこの2つの説明から入っていきましょう。

ネットを見るときに、自分が過去に見た商品の広告や、関心を寄せているニュースが自動的に表示されるという経験はないでしょうか。

いま「AI(人工知能)」が、ありとあらゆる分野で採用され、フル稼働しています。ネットの世界でも「検索キーワード」や通販の「注文履歴」などのデータから「個人」の嗜好、習慣、関心などが割り出されて、そこに焦点を当てたこのような広告やニュースが表示される仕組みになっています。

しかしこれでは、まるで探偵に尾行され、事細かく行動を分析され、ついには丸裸にされてしまうかのような気がするのは私だけでしょうか。

『越川（あるいはみなさんの名前）の解体新書』という解説書あるいは取扱説明書が編集される、そんな感覚さえ覚えてしまいます。

そんなとんでもない機能をもった「AI」やコンピューターでも、どうすることもできないことがあります。

それは「無から有を生む」――『0』から『1』を生む」という「創造性」です。AIは「創造力」を発揮することが得意ではないようです。ここにこそ「人間の脳」と「AI（人工知能）」の決定的な違いがあります。

この違いがわかれば、いくらAIが全盛になったとしてもまったく問題ありません。

2つの「そうぞう力」を発揮すれば人生は大きく開ける

「創造力」に対して「想像力」という言葉もあります。この2つは一見似ていますが、違う側面もあります。

「創造力」は「独自の方法で、新しい何かを創り出す力」のことです。ある意味、「独創性」や「オリジナル性」とも連動しているものです。

一方、「想像力」は「実際に見たり聞いたりしていないものについて考える力」、すなわち「イメージ力」ともいえるでしょう。

「AI時代」を迎えた今こそ、2つの「そうぞう力」を発揮することが人生を切り開くポイントとなるはずです。

私たちはすでに「答え」を知っている

では、この「そうぞう力」はどうすれば発揮できるのでしょうか。

「そうぞう力」は決して一部の天才だけが発揮できるものではありません。誰でも驚くほどの「そうぞう力」を発揮することができるのです。

それは「思い出す」ことです。

「なんのことか？」と疑問に思われるかもしれませんが、この2つは深いつながりがあるのです。

ここである言葉を紹介しましょう。2020年ノーベル物理学賞を受賞したロジャー・ペンローズ博士が著書『皇帝の新しい心』の中で述べている言葉です。

「創造することは、思い出すことに似ている」

ペンローズ博士はアインシュタインの一般相対性理論を元に、その存在の可能性を数学的に証明しています。

アインシュタイン以来の天才ともいわれる人物です。

そのペンローズ博士の言葉である、「創造することは、思い出すことに似ている」――これは非常に深い意味があるのです。実際に、「創造する」と「思い出す」というのは、使う脳の部位も似通っているそうです。

ここでいう「思い出す」というのは、「久しぶりに同窓会であった友人の名前をド忘れして思い出せないが、なんとか思い出そうとする」といった感覚をイメージするとわかりやすいでしょう。

これは裏返せば、「私たちはすでに答えを知っている（けれど思い出せない）」ということでもあります。

研究の最中、このようなちょっとした苦しみの連続をペンローズ博士は体験してきたのかもしれません。

秋田講演会での不思議な体験

じつは私も容易に問題の「本質」が見えてこないときなど、「遠い記憶を思い出す」といった感覚をもつことで、答えと思えることにたどり着いたり、新たな発見をするといった体験を何度もしてきました。

印象的だったのは、2010年4月に秋田市で開催された講演会でのことです。事前に「導入の話を何にしようかな」と考えて、秋田犬・ハチ公の話題から入ろうと決め、準備を終えていました。

ところが、最初のあいさつを終え、私の口から飛び出た第一声は「みなさん、縁とは何でしょうか？」というものでした。

私の中で、動揺が走りました。なぜならまったく予定にない言葉だったからです。しかも問いかけたのはいいけれど、私の頭の中に「答え」がありません。心の中は「この話をどう展開すればいいのか？」との疑問でいっぱいです。

ほんの少しの間を置き、私の口をついて出た言葉は「時間・空間を共にすることです！」というものでした。

不思議でした。しかし講演会の最中も、その後も、この言葉を何度も検証しましたが、確かに的を外してはいないのです。

私のこのときの感覚というものは、「頭の中にあった自分なりの答えを引き出した」というより、「遠い記憶が突然蘇った」という感じでした。それは言葉では説明しがたいものです。

2つの「そうぞう力」を失わせるもの

ここで面白いことに気づきます。

「思い出す」ということは「過去」に関わることであり、「創造」や「想像」は未来との関連が深いということです。

ペンローズ博士は、この「思い出すこと」と「創造すること」が似ているといっているのです。これは「時間の概念」を飛び越えた発想です。

「マヤ暦」の視点では、何らかの意図をもってつくられた人工の「時間」や「暦」がもたらすリズムによって、人間は「本質」や「本当の自分」、「本来の役割」や「大事なもの」を見失ったと捉えます。

であれば「時間」、特に時計を中心とした「時計時間」という概念を超越する、すなわち「時間を忘れる」ことにより、大事なものを取り戻すことができるのではないでしょうか。私はそう思っています。

「思い出す」と「創造・想像」をつなげることは、時計時間を超越することがポイントになるのかもしれません。

また逆の視点からいえば、「創造・想像」を妨げるのも「時計時間」ともいえるでしょう。時計時間の感覚が薄い幼児ほど、思ってもみないほどの「創造性」を発揮したりします。このことに関しては後に詳細に記すことにします。

「外からの情報」よりも「内にあるもの」がポイント

生まれてまもない赤ちゃんは、誰が教えるのでもなく、母乳を求め、上手におっぱいを吸います。

このように私たち人間には誰かから教えられたわけでもなく、すでに身につけてきているものが無数にあるといわれています。

私たちはこの地上に誕生した瞬間、既に膨大な情報が脳に取り込まれていて、さらに毎日膨大な情報に接しているわけです。ところが年齢を重ねるほど、日々膨大な量の情報を忘れていきます。時には忘れてはならないことさえも……。

この事実からすれば、私たちは「思い出す」というだけで、十分な情報を得ることができるはずなのです。

「創造すること」において「思い出す」ことがポイントになるとすれば、私たちが影響を受けやすい外からの情報の重要さがかなり薄れ、その分、「自分の記憶や内にあるもの」が貴重になってくるでしょう。

これを少しでも理解すると、外からの情報や現象に振り回されることが激減するのではないでしょうか。そしてそれ以上に「自分の内なるもの」としっかり向き合うことが重要となってきます。

こんな話を聞いたことがあります。

英語の「思い出す」は、REMEMBERです。「RE」は再び、「MEMBER」はメンバーです。つまりREMEMBERとは、かつて一緒だったメンバーが、再会を果たした意味であると。

あなたは「メッセージ」を受け取れるか

「そうぞう力」の発揮において重要なポイントがもうひとつあります。

じつは2つの「そうぞう力」のどちらも、「(メッセージを)受け取る力」に大きく左右されるということです。


あなたがメッセージを受け取りやすいかどうかの傾向を確認してみましょう。

(既にこの本を手に取り、読み始めたあなたは、かなり受け取りやすい傾向にあります。なぜなら、この本はそのようなタイプの方が手にする可能性が高いからです)

アインシュタインの言葉に次のようなものがあります。


「人生には二つの道しかない。一つは奇跡などまったく存在しないかのように生きること。もう一つはすべてが奇跡であるかのように生きること」

あなたはこのどちらですか？

結論からいえば、前者以上に後者のほうがメッセージを受け取りやすい傾向にあります。ただこれは、人生で起こる何らかのことがきっかけで変わることも多々あります。

「私の脳は受信機でしかなく、宇宙のどこかにコアがあり、そこから知識やひらめきを得ている」――ニコラ・テスラ

ニコラ・テスラは19世紀の発明家で、エジソンを超える天才と称された人物です。どうやらテスラもメッセージを受け取るといった感覚を生涯もち続けていたようです。

「受け取る力」を身につけることで、人生は思ってもみないほど、大きく開けていくはずです。

冒頭で「もう一人の自分」と出会うためには「思い出す」「(メッセージを)受け取る」の2つの意識が必要だと述べました。

2つの意識についてご理解いただいたところで、いよいよ「もう一人の自分」とはどういう存在なのかについて探っていきましょう。

ナポレオン・ヒルの禁断の書

今でこそ「引き寄せの法則」や「思考は現実化する」といったことが当たり前のように語られる時代となりましたが、こうした成功哲学の「生みの親」は、じつはある一人の人物といわれています。

それこそがアメリカの作家であり、世界的なベストセラー『思考は現実化する』(きこ書房)の生みの親でもあるナポレオン・ヒルです。

近年、日本では自己啓発書が空前のブームとなっていますが、『思考は現実化する』

は、あらゆる自己啓発書の原典といっていい存在です。

じつはナポレオン・ヒルには、死後、長年にわたって封印されてきたもう1冊の著書がありました。

それが『悪魔を出し抜け！』（きこ書房）です。

この本は世界的ベストセラー『思考は現実化する』の翌年、1938年には既に書かれていたのですが、親族の意向で秘匿され、70年余の時を経た2011年に公開されました。親族が公開に反対したのは、宗教や学校教育を否定する内容が含まれているからだとされています。

スイスの銀行の金庫に封印されていたユングの未公開書籍

この『悪魔を出し抜け！』とほぼ同時期の2009年、やはり長い間、未公開のままに眠っていた本が刊行されました。

それは20世紀最大の思想家で心理学者であるカール・ユングの『赤の書』(創元社)です。ユングが16年にわたり書き綴った私的な日記を1冊の書物として刊行したものです。

この『赤の書』は半世紀もの間、スイスの銀行の金庫に封印されていたのですが、遺族との交渉の末、2009年、ついに日の目を見たのです。この書こそが、その後のユング思想の中核となるものです。

ユングは「意識」の下に「無意識」があり、さらにその深層に「集合的無意識」があると定義しました。みなさんもよくご存じのことと思います。

『赤の書』には、この概念の起源が提示されているのです。

「2つの禁断の書」が時を超えて出会う時

長い封印が解かれ、現代においてこの2冊の本がほぼ同時期に刊行されたのは、決して偶然ではないと私は感じています。

この2作品が長い間世に出なかった理由は、その時代に公表されることが時期尚早だったのです。今この時代についに封印が解かれたのは「今こそ公開されるべき」というタイミングを迎えているからではないでしょうか。

じつは、この2作品には驚くべき「共通点」があります。

それこそが「もう一人の自分」という概念なのです。

この「もう一人の自分」というキーワードにこそ、2冊の書の封印がほぼ同じ時期に解かれた「最大の鍵」があるのではないかと私は推測したのです。

『悪魔を出し抜け！』が描く「もう一人の自分」

まず『悪魔を出し抜け！』から見ていきましょう。

ナポレオン・ヒルは当時大富豪だったアンドリュー・カーネギーから打診され、20年という歳月をかけ、５００名に及ぶ成功者と呼ばれる方々の研究をして、成功哲学を体系化し、それを『思考は現実化する』としてまとめあげたといわれています。

このとき、ナポレオン・ヒルはカーネギーからこのような言葉をかけられました。

既にここに「もう一人の自分」が登場しています。

「順調に進めば、プロジェクトが終わる頃には、自分でも驚くような発見をすることになるだろう。その発見とは、人を成功に導くものは決してその人自身の外側にあるものではないということだ。その力は、本来見ることも触ることもできないもので、ほとんどの人は一度もその存在に気づかずに終わる。名前をつけるとすれば、『もう

「一人の自分」と呼ぶのが最もふさわしいだろう」(『悪魔を出し抜け!』より抜粋)

ナポレオン・ヒルはカーネギーから「もう一人の自分」という概念を教えられ、やがて自身も「もう一人の自分」と遭遇しています。

そしてこの「もう一人の自分」と対話し、その意図(声)に従うことで、資金を提供する人物に出会い、本の出版にこぎつけるなど、奇跡の連続のような体験を重ねていきます。

『悪魔を出し抜け!』の後半は「悪魔」との問答が展開されていますが、そこで問題提起されているのが、多くの人が「流されて生きている」という事実についてです。

自分の気持ちや思いを確認するというプロセスを踏まずに、また模索することもなく「流されている」ということです。

現代はインターネットの発展により、検索すると瞬時に答えを得ることが容易になりました。これが日常生活で習慣化されると、いつしか結果に重きを置き、プロセスに意識を向けたり、そこを大事にすることがなくなってきています。

時には「結果」以上に「プロセス」が大事なことも多々あるはずですが、この「プロセス」を軽視することが「流される」ことを加速させているようにも感じます。

既にこの本が書かれて80年以上の歳月が経っていますが、現代に生きる私たちに対しても鮮烈なメッセージを届けています。

ユングが示した「もう一人の自分」

次に『赤の書』を探ってみましょう。

ユングは若い頃から「正義と悪」「明るさと暗さ」など、人間の持つ二面性というものに深く関心を抱いていました。

100%善人は皆無に近く、100%明るい人もいません。どんな人でも多かれ少なかれ悪意をもってしまう部分もあるし、暗い部分もあるわけです。

それをユングは「影（シャドウ）」と名づけました。影とは「生きられなかったもう一人の自分」であり、それは無意識の中に息づいているものだというのです。

しかしこの影の部分は決して忌み嫌うべきものではなく、そういう部分があることを認め、受け入れることで、精神の健康を保つことができ、人生が豊かになるとユングは説いています。

ユングもまた「もう一人の自分」という概念を提示していたのです。『赤の書』には、ユング自身が見た夢が色鮮やかな色彩で描かれています。夢自体が、そもそも「もう一人の自分」と深いつながりがあるという認識です。

「もう一人の自分」という概念を提示したこの2冊の書が、半世紀以上70年余りにわたり、同じように封印され、時を同じくして現代社会に登場したことを鑑みれば、そこには何か大きな意味が秘められているように感じてなりません。

「マヤの暦」と「もう一人の自分」

私がこの2冊の書に、強いインパクトを感じたのは「もう一人の自分」というものに、そもそも深い関心を抱いていたからです。

私の研究する「マヤの暦」では、その人の「本質」を捉えるために「太陽の紋章」「ウェイブ・スペル」「銀河の音」などのエネルギーとその組み合わせをみていきます。その中に「鏡の向こう（もう一人の自分）」という概念があります。

その影響で、20年近くの間、「鏡の向こう（もう一人の自分）」が頭から離れることはありませんでした。

個人的なイメージとしては、人生とは自分自身と「もう一人の自分」が連係して築き上げていくものであり、「もう一人の自分」は一日に何千回ものメッセージを送り続け、私たちを誘導しようとしている。しかし私たちはなかなかそのメッセージを受け取ることができずにいる。そんな仮説が私の中でいつしか生まれていたのです。

マヤ暦を学ぶ人はなぜ人生が好転するのか

ある講座（記憶が定かではありませんが、おそらく札幌だったような気がします）で語るうちに、ひらめいたことがありました。

この地上に存在する大概のものは、「ペア」というシステムをとっています。人間であれば、男女などが典型かもしれませんが。そのときに感じたのは、じつは一個人としても「自分」と「もう一人の自分」という「ペアシステム」で人生は築き上げていくものではないか、というものです。

ところが何らかの理由で、現代人はこの重要な関係がスムーズに運ばなくなり、それどころかほとんど途切れた状況に陥っているのではないかと……。

これまでおおよそ10万名近くの方々に「マヤの叡知」の核をなす「マヤの暦（とくに『ツォルキン暦』）」を学んでいただきました。その中で、夫婦、親子、職場の人間関係など、ありとあらゆる問題が解決したり解消されたり……。さらに人生が好転する例など、挙げればキリがありません。そのような現象をたびたび目撃してきました。

そのような変化を生む根本的な理由が、そのとき明確にイメージできたのです。

「マヤの暦（とくに『ツォルキン暦』）を学ぶことで、知らず知らずのうちに「自分」と「もう一人の自分」の連係プレーが復活し、インスピレーションやひらめきを通じ、大切なメッセージを受け取れるようになるのではないか。

そのように感じていた矢先、それを後押しするような出来事が起こったのです。

「もう一人の自分」が引き寄せた奇跡的な出会い

2018年のこと。その日も「もう一人の自分」という存在を探求し、模索しながら書店に行くと、1冊の新書サイズの本に目がいきました。その本を手に取り、開いてみると、そこに書かれていたのは……。

「実は、我々、誰の中にも、心の奥深くに、想像を超える賢さを持つ『もう一人の自分』がいる。

我々の能力を分けるのは、そして、人生を分けるのは、その『賢明なもう一人の自分』の存在に気がつき、その自分との対話の方法を知っているか否かである」

これらのフレーズは、田坂広志先生の著書『深く考える力』（PHP新書）に記載されているものです。

田坂先生は、多摩大学大学院名誉教授を務められる傍ら、NHK『クローズアップ現代』、民放のモーニングショーや討論番組のコメンテーターとして、たびたびテレビにも出演されている方です。
先生は工学博士であり、原子力工学の専門家です。科学的な知見の世界で研究されてきた方でありながら、「直観」「運気」など、目に見えないもの、スピリチュアル的なことにも造詣が深く、それらに関した著書も数多く執筆されています。

また先生は30代の若さで重篤な病気を患い、余命宣告を受けた体験をお持ちです。絶望した先生は両親に勧められ、禅寺へ入ります。そこで様々な気づきを得る中で「今日1日を精一杯生きる」という覚悟が定まったといいます。
10年が経過した後、ついに重篤な病気は霧散し、跡形もなく消えていたといいます。そのような体験に裏打ちされ、新たな境地を切り開かれたのかもしれません。

田坂作品は100作近くありますが、2018年2月に出版された『深く考える力』に続き、『運気を磨く』(光文社新書)、『直観を磨く』(講談社現代新書)と、私にとっては興味津々の内容が次々に出版されています。

その中でも『直観を磨く』の帯には、

「あなたは自分の中に『天才』がいることに気がついているか」

「最先端量子科学が解き明かす天才の秘密　『もう一人の自分』と対話するとき直観と論理が融合した最高の思考力が生まれる」

とあります。

田坂先生の著書との出会いは、ちょうど「もう一人の自分」という存在を問い続けていた時期に、まるで私の背中を後押ししてくれるような出来事でした。

田坂先生とのめぐり合い

田坂先生の著書とアインシュタインが表現する物事の奥に潜む「何か」。その本質こそが、「もう一人の自分」ではないか……。

そんな確信を得た頃、想像さえしていませんでしたが、実際に田坂先生と対面する機会がやってきました。

東京駅近くの大型書店で本を見て回っていたところ、その書店3Fセミナールームにおいて、2018年5月10日に田坂広志先生「出版記念講演会 サイン会」開催の掲示を発見したのです。

参加条件は、新刊『東大生となった君へ』(光文社新書)を購入すれば、先着順で参加できると記してあります。しかも無料です。さっそく空席があることを確認し、

2冊購入し、2枚のチケットを手に入れたのです。個人的にはもちろん東大とは縁がありませんが、図々しくも購入させていただきました。

当日、夕方からの開催だったこともあり、参加者は仕事帰りの男性が8割強といった感じでした。内容はもちろん濃いもので、大変勉強になりましたが、講演後の先生の律儀な対応には感動さえ覚えました。参加者全員と名刺交換し、一人ひとりと言葉を交わされているのです。

私は最後部の席に座っていたため、終わり頃にやっと順番が回ってきました。静かに名刺を差し出すと、「あ！ あなたが越川さんですか！ 会いたかった！」とおっしゃるのです。これには驚きました。もちろん先生とは初対面です。

私は「一般社団法人 シンクロニシティ研究会」の代表を務めていて、会員向けに毎日メルマガ（シンクロ通信）を配信しています。そこに田坂先生のエッセイを引用したり、先生の話題をたびたび掲載していたのです。

田坂先生は「風の便り」というメルマガを定期的に無料で配信してくださっています。

私もそこから多くの気づきや感動をいただいていたため、「ぜひ皆さんも登録され、読まれてはいかがでしょう」と何度か呼びかけていました。

すると呼びかけに応じ、登録したメンバーがある程度いたようです。登録の際に、紹介者を記入する欄があり、そこに「越川」と書かれていたものがあったようです。

そういった経緯で、記憶していただいたようです。

これも「もう一人の自分」が稼働し、縁をとりもってくれたように思えてならないのです。この頃から私の中で「もう一人の自分」への意識は高まるばかりとなります。

「もう一人の自分」との対話で受け取った「未来からのメッセージ」

これは2019年10月のことです。

「シンクロニシティ研究会」は2008年以来、一年に一度、初めの頃は「夏至」と「冬至」の日に、その後、数年経ってからは10月か11月に大きめな会場を予約し、国内外の会員が集まる研修を1泊2日で開催してきました。この年も10月下旬に開催を予定していました。

毎回テーマを決めて開催するのですが、この年は不思議なほど、ピンとくるテーマがなかなか思い浮かばないのです。

そんな折、所用があり、北海道に行き露天風呂に入っていたときです。

突然、「分岐点」という言葉が降ってきました。もちろんその頃は唐突に思え、その言葉の意味もわかりませんでした。でも私にはそれが「もう一人の自分」からのメッセージだと確信できました。

その数カ月後、ご存じのように「新型コロナウイルス感染拡大」が地球規模で起こり、「働き方」や学校での「学び方」「暮らし方」などが大きく変わりました。まさに地球規模の「分岐点」を迎えてしまったのです。

「このことだったのか……」と私は衝撃を覚えました。

このように「もう一人の自分」を意識することで、「未来からのメッセージ」として思えない内容を受け取ることが多くなってきたのです。


もうおわかりでしょう。

「もう一人の自分」と出会うためには「思い出す」「(メッセージを)受け取る」ことが必要不可欠なのです。

「もう一人の自分」の正体とは

では「もう一人の自分」とはいったいどのような存在なのでしょう。私が考える「もう一人の自分」の特徴を思いつくままに列挙してみます。

・誰の中にも必ず存在している
・大いなる宇宙と深く関わっている
・高次元の存在である
・高い知性と賢明さを持つ
・心の混じり気のない部分、純粋な部分
・勇気ある答えを出してくれる
・懐疑的にならない
・冷静で客観的
・決してウソをつかない
・関わりが深くなればなるほど恐れや不安がなくなる
・呼びかけに必ず答えてくれる
・最高の相談相手
・あなたに最適な答えをもたらす

ここに私の個人的な見解を付け加えさせてください。

「幽体離脱」という現象があります。中には実際に経験された方もいらっしゃるかもしれません。

この生身の体から抜け出した幽体とも霊体ともエーテル体とも表現されている「存在」。これこそが「もう一人の自分」ではないかと私は感じているのです。

ただ、当然ながら「もう一人の自分」は目に見えるものではないので、証明したり、言葉で明確に定義したりすることは容易ではありません。

「ハイヤーセルフ」「守護霊」「大いなる存在」「超意識」「無意識」「潜在意識」など、みなさんがピンとくるものがあれば、それがその方にとっては正解だと思います。

「もう一人の自分」という秘法

ひとつ心に留めておいていただきたいのは、「もう一人の自分」は決して「あなたの代わりになんでもしてくれる存在ではない」ということです。

たとえば夢を叶えたい、豊かになりたい、人生を共にするパートナーが欲しい……などの願いや希望があるとします。

でもそこで何もせずに「もう一人の自分」に頼っていてもミラクルは起こりません。あなたの代わりにミラクルを起こしてくれるわけではありません。あくまであなたが「行動」を起こさなければならないのです。

主人公はあくまであなた自身。あなたが「もう一人の自分」に問いかけ、対話をしながら「行動」することで、すばらしいミラクルが起こり、人生は驚くほど開けることでしょう。

まさに「もう一人の自分」という「秘法」です。

この秘法を使うことで、驚くほどの「創造力」と「想像力」が身につき、いつのまにか人生に豊かさを感じ、喜び多いものになっていることに気づくでしょう。

では次の章から、あなたが「もう一人の自分」と出会うための旅を始めましょう。

連係プレー

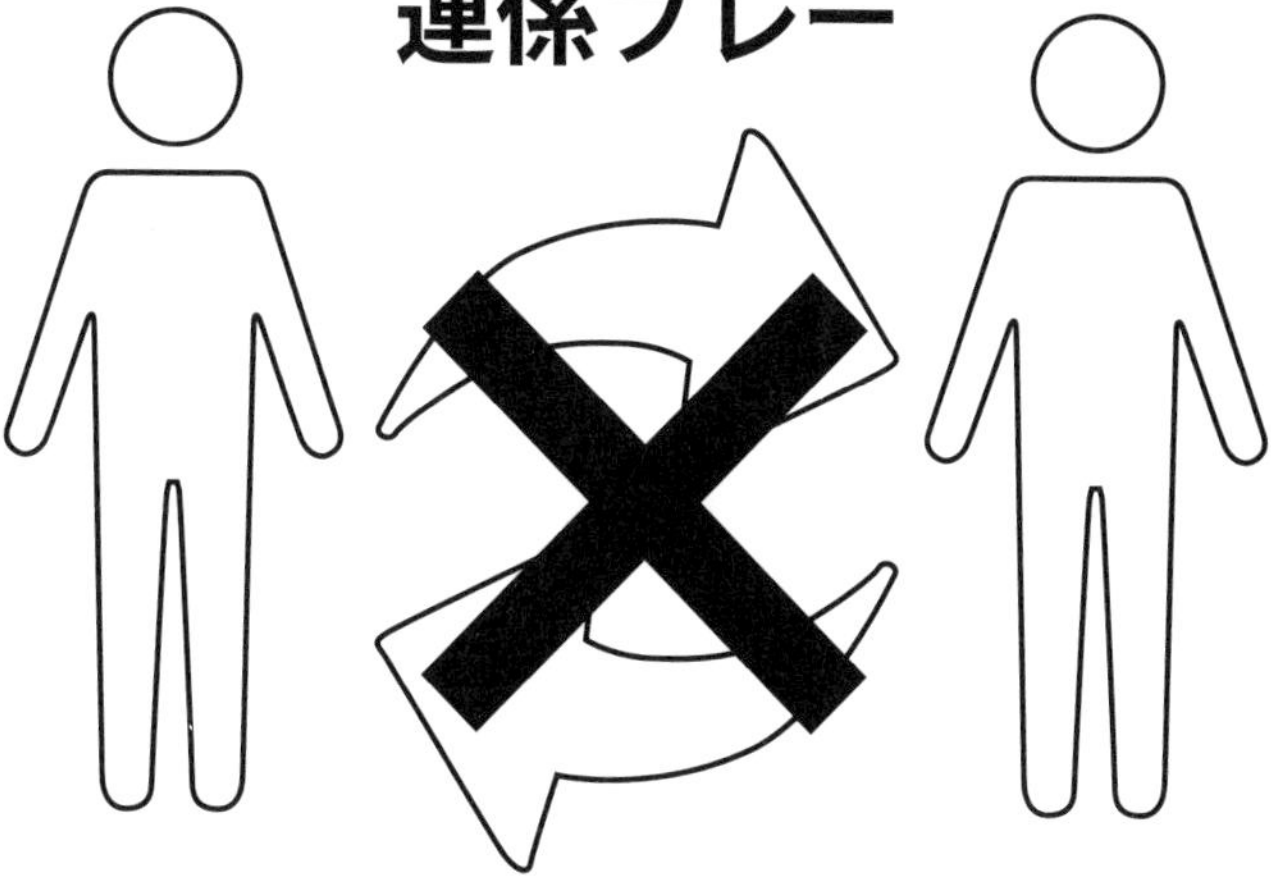

「もう一人の自分」とは？

・幽体
・ハイヤーセルフ
・守護霊
・無意識
・超意識
・大いなる自分
・天使
・インスピレーション
・その他

自分が「これだ」と感じるものでＯＫ！

第1章

松《しょう》果《か》体《たい》が目覚めれば「もう一人の自分」と出会える

「もう一人の自分」と表裏一体の「松果体」

謎に満ちた松果体

この章では「松果体《しょうかたい》」の話をしていきたいと思います。

松果体は、脳内の中央2つの大脳半球のあいだに位置する小さな内分泌器官で、6〜8ミリほどの大きさ（グリーンピースほど）です。形は「松ぼっくり」にきわめて似ています。

では松果体はどんな働きをするのかというと、人間の体内時間を調整するメラトニンや、幸せホルモンといわれるセロトニンを分泌することで知られています。

この松果体は、ほとんどの生物に存在するといわれ、この地球で生きるためのリズムをこの松果体で調整しているともいわれています。

■脳の主要器官と松果体の位置

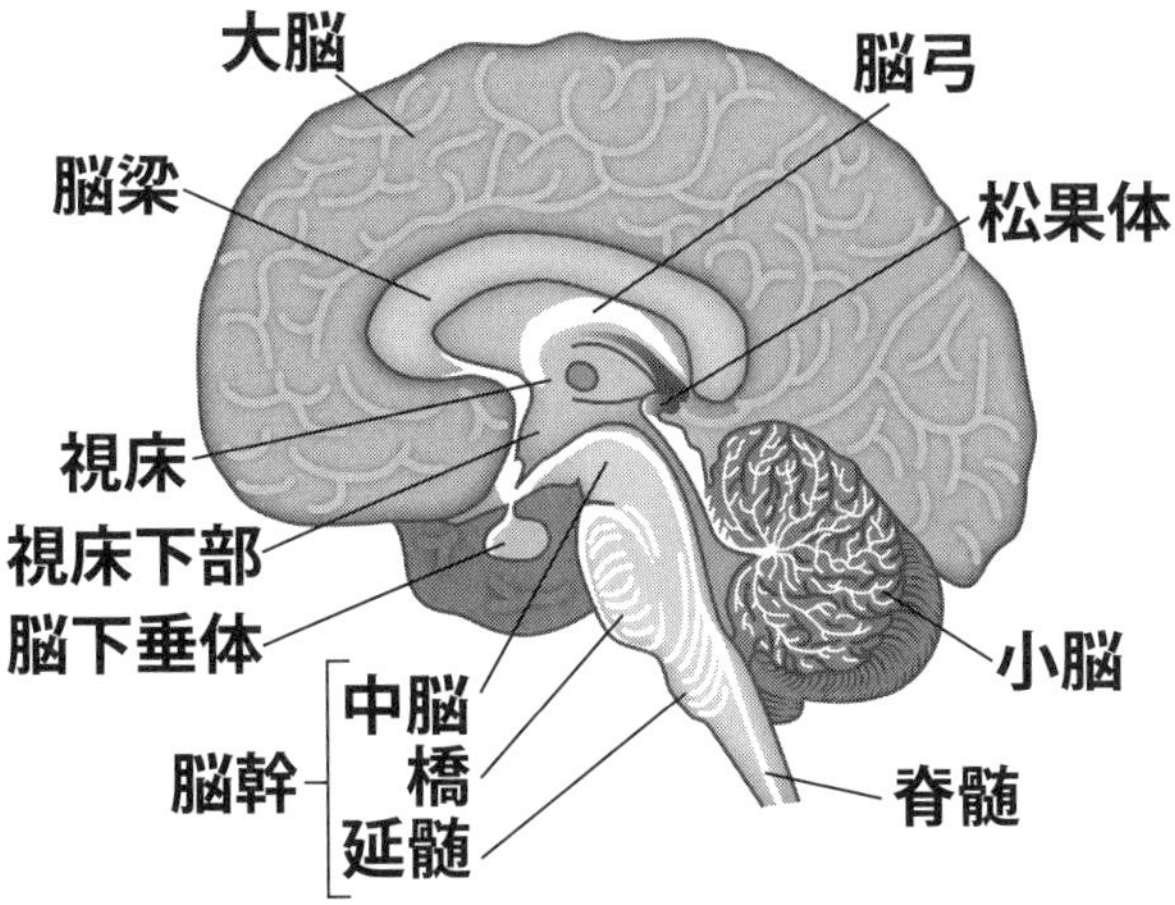

では、なぜ松果体なのでしょうか？

この謎めいた神秘的な器官こそは「もう一人の自分」と表裏一体であると、私は考えているからです。

また「もう一人の自分」という存在を認識し、連係させるためには、松果体に焦点を当てることが最短距離だと思うのです。

古代から重要視されてきた松果体

哲学者デカルトは、この松果体を「魂の在りか」と表現し、「物質と精神が相互作用する橋渡し」のような役割を果たしているとの説を主張しています。

世界には松果体の重要さを表していると思われる「松ぼっくり」のような彫刻が至るところに散在しています。

ローマ法王の杖にも、エジプトの植物神であるオシリスの杖にも「松ぼっくり」が描かれています。

また世界有数の巨大な美術館であるバチカン美術館のピーニャの中庭、このピーニャ自体が「松ぼっくり」という意味があるのです。この庭の大きな噴水の中央が「松ぼっくり」の形になっています。

さらにサン・ピエトロ大聖堂の中庭にも「松ぼっくり」のオブジェがあります。

松果体の全貌はいまだ解き明かされていませんが、少しずつ解明されるに従い、とてつもない能力が秘められていることがわかってきています。

松果体に意識を向け、活性化することで、文字通り無限の可能性の扉が大きく開かれることでしょう。

松果体の構成要素と役割

松果体はその大部分が「ケイ素（シリカ）」でできているといわれています。人体には微量のケイ素が存在しますが、中でも松果体は「ケイ素」の度合いが高い器官といわれてます。

ケイ素の元素記号は「Si」、元素番号は「14」になります。水晶やクリスタルの主成分もケイ素です。

余談ですが、ここで面白い発見があります。

マヤ暦で使われる「ツォルキン暦」の根底にあるのが「13」という数字なのです。マヤ暦の「13」とケイ素の「14」。この2つの数字のつながり、ここにも何らかの深い意味があるような気がします。

松果体が目覚めれば異次元にもアクセスできる

私たちは、時間と空間の制約のある三次元に生きていますが、松果体が目覚めさえすれば、様々な時空間（次元）へ出入りが可能なのではないか——そんなふうに思えてならないのです。

たとえば、この世とあの世など……。

どうやら「松果体」は他の存在や多次元との「アクセスポイント」でもあり、様々な橋渡しをしてくれるのではないかと思うのです。

そして「もう一人の自分」との出会いも、この流れの中にあるはずです。

プロローグで天才ニコラ・テスラが「私の脳は受信機でしかなく……」と語っていると述べました。

ニコラ・テスラがいうこの「受信機」とは、松果体を指すと考えられます。

そうであれば、松果体が本来の機能を果たすことで、「もう一人の自分」とのコンタクトがスムーズになるはずです。

松果体で分泌される「幸せホルモン」

メラトニンとセロトニン

松果体の重要な役割の一つが、メラトニンとセロトニンというホルモンの分泌です。

まずメラトニンは、季節のリズム、睡眠、覚醒リズム、ホルモン分泌のリズムを調整し、司っているといわれています。

メラトニンは夜中から未明にかけての午前2時〜4時が最も分泌される時間帯だそうです。

これは「もう一人の自分」と深く関わる「夢」の時間でもあります。

また、体内時計といわれるものにもメラトニンが影響を及ぼしています。

マヤでは、「自然のリズム」と体内時計がほぼ同じになることが理想に近いと考えます。

しかし、前にも触れたように人工時間である「時計時間」は、「自然のリズム」にはほど遠いものです。とはいえ社会が「時計時間」で動いている以上、仕方ない面もあります。

その分、自然のエネルギーを存分に浴び、季節ごとにリズムを感じることが大切です。


一方、セロトニンはメラトニンの材料となるものです。日中に太陽の光を浴びることで分泌されます。

夜になると、日中に作られたセロトニンからメラトニンが生成されるのです。

つまり、朝日をはじめ太陽の光をたっぷり浴びてセロトニンの分泌を促進することこそが、メラトニンがしっかり分泌されるポイントとなります。


セロトニンは「幸せホルモン」と呼ばれていて、精神の安定やストレスに打ち勝つために重要な役割を果たします。

最近では、セロトニンは松果体において「天然の幻覚剤」ともいわれる「DMT」という物質の分泌を促進させることがわかってきたそうです。

脳内においてセロトニンとDMTが増えることで直感が鋭くなり、「解放感」を味わうことができます。すると驚くほどの「オープンハート」となります。

こうなると世俗的な枠や常識を超えて、「もう一人の自分」とアクセスフリーの状態となるのです。

セロトニン分泌量の少ない日本人

日本人は全体的にセロトニンの分泌量が少ないといわれています。

日照時間がそれほど少ないわけでもないことを考慮すると、建物の中で長時間、仕事に従事していることが原因かもしれません。

それと比較すると、南国の人々の方が開放的で、太陽の光を存分に浴びているせいか、歓喜の雰囲気になりやすく、幸せな気分で暮らしているような印象を受けます。

また日本人は自然のリズムというより、「時計時間」に追随しています。世界で最も時計時間に追われている国民かもしれません。
これは「もう一人の自分」と対話できていない典型的なパターンです。

毎年発表される世界各国の幸福度ランキングにおいて、日本は先進国の中ではかなり低いほうです。あまつさえ、その順位は毎年下がり続けています。
これもセロトニン分泌量と大いに関係があるのではないかと思えてなりません。

松果体を活性化させることで「もう一人の自分」と出会える

松果体の機能を激減させる石灰化とその原因

古代人の松果体はピンポン玉ほどの大きさだったともいわれています。しかし現代人はグリーンピースほどと、かなり小さくなっています。

それだけでも危機的なことなのに、現代人はさらに大きな問題を抱えています。

それは「松果体の石灰化」です。

松果体は年齢とともに石灰化が進み、20歳以上になると75%が石灰化するといわれているのです。＊医学専門雑誌（「脳と神経」40巻6号）

石灰化が進むと、日常生活の中にも様々な支障が出てきます。わかりやすい例を挙げると、すべての判断が「〇か×か」になり、多角的な視点でものを見たり、思考することができなくなります。

これが極端に進行すると、多様化という時代の流れに乗れず、自分の概念の中だけで生きるようになりかねません。

この石灰化の原因といわれているのが、ハロゲン化合物です。ハロゲン化合物とはフッ素や塩素、水銀などの化学物質のことです。

特にフッ素は、身体のどの部分より松果体に磁石のように引き寄せられるそうです。フッ素や塩素は歯磨き粉や水道水に含まれていることがあります。

また牛乳や炭酸カルシウムのサプリメントも注意が必要といわれています。急激にカルシウムの血液中濃度を増やすと、「骨：血液：細胞」というカルシウムバランスが崩れ、パラドックスを起こし、骨からカルシウムが溶け出すことにより、それが体の様々な部位に付着するというものです。

ちなみに、カルシウムを小魚などの自然の食事から摂る分にはゆっくりと血液中の濃度を上げるので問題ないようです。

サードアイ（第三の目）を開眼させるために

松果体はサードアイ、第三の目とも表現されます。

私たちの左右の目は、眼球に映るものを見ます。この眼球もケイ素でできています。松果体が石灰化から抜け出し、元の機能を取り戻せば、私たちは「観る」ことで、いろいろなことを感知したり察知できたりするはずです。

この「観る」というのは、単に目に映るものを見るというだけでなく、目に見えないエネルギーを感じ取ることを意味しています。

極論すれば、両目には見えない人間の意図や動機などを感じたり、出会う人の本質や役割などを感じ取ることが大いにあり得るということです。

松果体が活性化すると、五感の感性はもちろん、「第六感」といわれるものも鋭くなります。

たまに樹木や植物と会話ができるという人を見かけますが、松果体が活性化すると、まず樹木や植物のエネルギーを感じ取り、互いにテレパシーで交信することさえ可能となるのだと思います。

松果体の重要さに気づいていた先住民

アメリカのネイティブ・アメリカンやオーストラリアのアボリジニなど、世界には数多くの先住民がいます。

そんな先住民の特徴の一つが、定期的に儀式を行うことです。その儀式の詳細を知ると、そこには松果体を活性化させるために行っていると思われるものが多分にあります。

彼らの儀式で必ず使用されるのが「花」や「植物」そして「炎」です。

植物の中には明らかに、松果体を活性化するものがあります。また「火」を見つめることも、松果体を活性化させるには効果的です。

この儀式を通じ、先住民は「もう一人の自分」からのメッセージを受け取ることができるのではないかと私は考えています。

普段の生活では、ロウソクの炎を見つめることが効果的です。松果体の活性化とともに「素の自分に返る」という感覚になったり、まるで瞑想のように「心静かな時間」が訪れます。

時間に追われ、あわただしい毎日を送っている方ほど、ロウソクを灯し、「心静かな時間」をもってはいかがでしょう。

「もう一人の自分」の存在を身近に感じることができるはずです。

「もう一人の自分」と松果体を活性化するシーン

「もう一人の自分」が目覚めるために「松果体」の活性化が欠くべからざるものであることがおわかりいただけたと思います。

プロローグで述べたナポレオン・ヒル、カール・ユング、さらにアンドリュー・カーネギー、アインシュタイン、そして田坂広志先生に共通することがあります。

それは等しく「大きな困難や苦難」を乗り越えてきているということです。

生命の危機を感じたり、死と向き合わざるを得なかったり、いじめられ、疎外感を味わったり、自分自身がうつ病を患い希望を失ったり……。

艱難辛苦にぶち当たり、そこで冷静になると必ず登場するのが「もう一人の自分」です。

真剣になり、研ぎ澄まされた感覚になると、「松果体」が活性化され、「もう一人の自分」が登場するのです。

何か、時代劇や映画、ＴＶドラマを見ているような感じです。

これを何度も体験したり、目撃すると「ピンチはチャンス」という言葉の意味がよくわかってくるのではないでしょうか。

第2章

「もう一人の自分」から
メッセージを受け取る時

「創造（ものづくり・作品づくり）」をサポートする「もう一人の自分」

カップヌードルが５００億食を突破した理由

この章では「もう一人の自分」からメッセージを受け取る瞬間を確認し、そこに歴然と存在する「法則性」を見出していきたいと思います。

それがわかれば、みなさん自身が自分で実行に移していくことができるはずです。

「挑戦」という言葉がまるで家訓であるかのように、三代にわたり挑戦をし続けている家系があります。

２０２１年に誕生50周年を迎え、５００億食を達成したカップヌードル。この世界的大ヒット商品を世に送り出した日清食品を創業した安藤家三代のことです。

安藤家三代とは「創業者・安藤百福《ももふく》」「安藤宏基《こうき》」、「安藤徳隆《のりたか》」。この3人は、それぞれが2つの「そうぞう力」をいかんなく発揮してきた人たちです。

3人それぞれの「そうぞう力」

まず創業者（百福）は、2018年10月〜2019年3月末にかけて放送されたNHK朝の連続ドラマ『まんぷく』のモデルとなった人物で『チキンラーメン』『カップヌードル』の開発者として知られています。

「カップ麺」というまだ市場のない未開の分野を切り開く、そのバイタリティーと好奇心は尋常ではなかったと関わった多くの人々が証言しています。

百福の次男である宏基（日清食品ホールディングス）社長は、37歳で社長に就任した際、「打倒カップヌードル」をスローガンに社内活性化に取り組んでいます。「打倒カップヌードル」とは、大ヒット商品であるカップヌードルに依存せず、それを超えていくという商品開発への決意と覚悟が表現されています。

その精神があってのことでしょう。宏基さんはすでに社長就任以前に『どん兵衛』『日清焼きそばU・F・O』といったヒット商品を世に出しています。時には創業者である父・百福と対峙しながらも新たな商品開発に挑んできたのです。

そして2015年、ホールディングス傘下の日清食品社長に就任したのが三代目・徳隆さんです。徳隆さんは創業者、二代目が果敢に挑戦したものの、苦戦し撤退した「カップライス」を見事に成功させています。『カレーメシ』をはじめとして、シェアを伸ばし、いまでは売り上げの柱となっているそうです。

今度は「食の未来」をテーマに、カップ麺市場をはるかに超える壮大な「食文化」への構想を抱いています。それが「日清食品独自の『完全栄養食』」という構想です。

これはどういうものかというと、自分の好きなものを楽しみながら食べているだけで、カロリーや塩分、糖質、脂質などをコントロールしながら完全に栄養バランスを整えることができ、健康維持に必要といわれる33種類の栄養素をバランスよくすべて摂取できるというもの。まるで夢のような食品です。

食べながら、健康になっていく、しかも見た目も味も申し分ないというイメージなのでしょう。日清食品はこのプロジェクトを慶應大学医学部と組んで実現しようとしています。

3人それぞれが新境地を開いた秘訣とは

このように安藤家は二代目も三代目も、決して現状に甘んじることなく、チャレンジの連続で、どこまでも新境地を切り開こうとしてきました。

「創造性」は人間だけに付与された特権でもあります。そのため、それを発揮しようと挑戦する者を「もう一人の自分」はサポートしてくれると私は信じています。

ナポレオン・ヒルのインタビューに答えて、発明王エジソンは、「たとえうまくいかなくても『もう一人の自分』がやめさせてくれなかった」と語ったといわれています。

社会的な役割を果たそうとする人は「もう一人の自分」からのメッセージを受け取る力が強いのかもしれません。

『世界で一つだけの花』『戦場のメリークリスマス』……名曲の生まれた舞台裏

不思議な体験によってできた名曲たち

ＳＭＡＰが歌って大ヒットした名曲『世界で一つだけの花』。みなさんもご存じのことと思います。この曲はシンガーソングライターの槇原敬之さんがつくった曲です。

「ナンバーワンにならなくていい　もともと特別なオンリーワン」

これは仏教の「天上天下唯我独尊」の教えからイメージしたフレーズだそうです。

印象深いのは槇原さんがこの詞を書きあげたときの様子です。

「頭に浮かんでくる景色を文章化しただけで、自分が書いた感覚はなかった」そうなのです。

「この曲を書けたこと自体、自分の才能だとは思っていない。神様からのプレゼントである。そうでなければこんな曲は書けない」と槇原さんは述懐しています。

名曲『戦場のメリークリスマス』の作曲者である坂本龍一さんも似たような体験を語っています。

「(この作品に着手して2週間程度の作業の後)突然意識がなくなって、目が覚めたら譜面が書いてあったんです。ハーモニーの調整はありましたけど、まさに自動筆記みたいだった」

なんとも不思議な体験ですが、じつはこれは天才と呼ばれる人の多くが経験している事象なのです。

作品をつくりだすとき、自分の力ではない、何かわからない不思議な大きな力が働いたり、宇宙からの啓示か何らかのひらめきが起こるというのです。

2つの「そうぞう力」である「創造力」「想像力」を発揮する場面には、共通することがあります。それは「自分の力で」という感覚ではなく、「メッセージやアイデア、インスピレーションが降ってきた、あるいは受け取った」といった感覚です。ここが「分岐点」ともいえるほどのポイントになります。

この姿勢があると、この大ヒット曲を生んだ2人のように「もう一人の自分」からのメッセージを受け取ることができるのです。

世界で最も売れたシリーズ作品の背景にも「もう一人の自分」がいた

累計発行部数5億冊を突破した「ハリー・ポッターシリーズ」(2018年12月1日現在)。子どものみならず、大人にも愛読され、73の言語に翻訳されています。

著者J・K・ローリングは、このシリーズ誕生のきっかけとなった1990年のことを次のように語っています。

「マンチェスターから、ロンドン行きの列車に乗っていました。ただののんびりとね。でも、そのときふと、アイデアが浮かんだのです。ハリーの姿が、はっきりと見えました。痩せっぽちの少年の姿が。体が震えるほど興奮しました。書くことに関してあんなに興奮したことはなかったわ。じっとしていられない程のアイデアだったの。何か書くものを探そうと、鞄を引っかき回したんだけど、アイライナーさえ持ってなかった。だから考えるしかなかったの。列車が遅れた4時間の間に、次から次へとアイデアが浮かびました」（NHK『ドキュメント地球時間』より）

ローリングは、もとから列車が好きだったようで、ゆっくりと揺られているうちに「ハリー・ポッターの世界」へ入ってしまったのでしょう。そこへ誘ったのも「もう一人の自分」に違いないと私は思うのです。

ローリングはシングルマザーとして生活保護を受けるほどの貧困に苦しんでいましたが、ハリー・ポッターシリーズのヒットで一躍億万長者となり、2012年に「初の億万長者作家」としてギネスブックに認定されています。

貧困層から億万長者にまでなれたのですから、「もう一人の自分」のサポートは無限大です。

名曲『Jupiter』のもう一つの解釈

平原綾香さんの歌う『Jupiter』という曲があります。よく知られていることですが、ホルストが作曲した組曲『惑星』中の『木星』に日本語の歌詞を付けたものが、この『Jupiter』です。

「もう一人の自分」の研究を始めたとき、この歌を改めて聴いた私は、大きな衝撃を覚えました。

これこそ、「もう一人の自分」をうたった歌だと思ったのです。もちろんあくまで私個人の解釈ですが。

この歌は、一般的には「人を応援する歌」というように捉えられていると思います。しかし聞きようによっては「もう一人の自分」からのメッセージソングとも受け取れるのではないでしょうか。

鍵は冒頭のフレーズの「Every day I listen to my heart」にあります。「私は毎日、自分自身に問いかけ、心の声を聴く」です。

「あなた」と「もう一人の自分」はつながっている、あなたは決してひとりではない。いつでも「もう一人の自分」が傍らにいてあなたを応援している——。

そんなふうにも解釈できるのではないでしょうか。

「もう一人の自分」はいつもあなたに寄り添っている

この歌詞を書いたのは作詞家の吉元由美さんという方です。この方の夫はエドガー・ケイシー研究家で、NPO法人日本エドガー・ケイシーセンター会長の光田秀《みつだしげる》さんで、お二人は不思議な縁で結ばれたそうです。

この『Jupiter』は吉元さんが高次元の存在である「もう一人の自分」からインスピレーションを得て、書かれた歌詞なのかもしれません。

みなさんも「もう一人の自分」という視点で、改めてこの歌を聴いてみてください。

私たちは誰でもひとりではなく、「もう一人の自分」がいつもそばにいてくれるのだと感じることができれば、孤独から抜け出すことができるのではないでしょうか。

Jupiter（一部抜粋）

Every day I listen to my heart
ひとりじゃない
深い胸の奥で
つながってる
果てしない時を越えて
輝く星が
出会えた奇跡
教えてくれる

JASLAC申請中

「もう一人の自分」の力があれば「絶望の淵」からでも生還できる

なぜフランクルはナチス強制収容所から生還できたのか

「生きるとは、問われていること、答えること、――自分自身の人生に責任をもつことである。ですから、生はいまや、与えられたものではなく、課せられたものであるように思われます。生きることはいつでも課せられた仕事なのです。このことだけからも、生きることは、困難になればなるほど、意味のあるものになる可能性があるということが明らかです」

これはV・E・フランクルの『それでも人生にイエスと言う』（春秋社）にある一

文です。人生について語られている重厚な文章です。

フランクルといえば、ナチスの強制収容所に収監され、家族の多くを失った後、生還したという壮絶な体験の持ち主です。今もなお世界で多くの人々に読まれ続けている『夜と霧』（みすず書房）の著者でもあります。

フランクルが自分の経験から導き出した「生きることへの答え」が語られた講演録が『それでも人生にイエスと言う』です。

フランクルは、強制収容所という極限状態の中で生き延びた生き証人です。だからこそ、人間の「生きる」ことについて、その「本質」を見つめ続けた存在でもあります。

世界中で苦しみの中にある人にとって、「絶望の渦中」にいながら生き抜いたフランクルの生きざまは、希望や光を届けてくれる「よすが」となっていることでしょう。

私見となってしまいますが、フランクルが絶望の淵から生還した、その背後に「もう一人の自分」がいたと考えています。

「もう一人の自分」は決して「あなた」に絶望しない

フランクルが夫人にいつも語っていたのが、次の言葉です。

「人間誰しも心の中にアウシュビッツ（苦悩）を持っている。しかしあなたが人生に絶望しても、人生はあなたに絶望していない。あなたを待っている誰かや何かがある限り、あなたは生き延びることができるし、自己実現できる」

これは私たちの胸にも深く響いてくる言葉だと思います。

「あなた」を待っている誰か、あるいは何かが存在するのです。そのために、今を生き抜かなくてはなりません。

ここに出てくる「人生はあなたに絶望していない」という表現の「人生」は、「もう一人の自分」のことを言っているのではないでしょうか。

「もう一人の自分」からのメッセージを受け取ることができる「水平」の瞬間

フランクルは「私が人生に何かを期待する」を「人生が私になにを期待しているか」と視点を変えています。これは「逆転の発想」です。

またフランクルは「楽しみがない」「幸せが得られそうもない」「人生に期待できない」という人々に対し、次のように語りかけています。

「それは、ものごとの考えかたを180度転回することです。その転回を遂行してからはもう、『私は人生にまだなにを期待できるか』と問うことはありません。いまではもう、『人生は私になにを期待しているか』と問うだけです。人生のどのような仕事が私を待っているかと問うだけなのです」

では、なぜフランクルが「逆転の発想」を説くのか。それを私なりに読み解いてみたいと思います。

それには「水平」というキーワードが重要となってきます。「ひとつの考え・ものの見方」があって、「それとは逆の考え・視点」を持つことで、自分の中で「水平」が生まれます。

世界の先住民は年に4回ある「太陽の日」をとても大切にし、祭事を行ってきました。「太陽の日」とは太陽にまつわる「春分の日」「夏至」「秋分の日」「冬至」です。とりわけこの中で最初に来る「春分の日」を一年の始まりとしてきた民族は数多くあります。じつは「春分」「秋分」こそ、「水平」と捉えることができるのではないか。私は個人的にそう感じています。

「水平」とは「0」でもあります。この水平こそが、最も「もう一人の自分」からメッセージを受け取りやすい瞬間でもあるのです。そこは「思考がない」あるいは「思考が止まった」状態です。

歴代のノーベル賞受賞者の中には、寝床に入り眠りにつく直前だったり、目覚めた直後だったり、お風呂に入っているときにヒントが浮かんだという人が少なからずいます。

目覚めた瞬間や、お風呂に入っているときなどは頭が空っぽになりやすいときです。

つまり思考が止まり、「水平」ともいえる瞬間です。


その視点からすると、フランクルがナチス強制収容所という絶望の淵から生還できた大きな理由の1つは「コペルニクス的転回」を意識したことで、彼の中で「水平」が成立し、そこで「もう一人の自分」から希望やメッセージを受け取ることができ、生きる勇気を持ち続けることができた……のではないかと私は思うのです。

1日1つ、面白いことを考えて笑う

フランクルが生還できたもう1つの要因が「笑い」にあったと私は考えます。

フランクルは強制収容所にいながらにして、1日1つの「笑い話」を考え、それを日課とし、生きる力を得ていました。

「絶望のただ中」で笑い話など、簡単に思いつけるものではありません。

しかしそれでも1日1つ、面白いこと、愉快に思ったことを思い出して笑顔になる。これは深刻になり、心身ともに硬直することを防ぐことになります。

これは子育てや仕事のモチベーションを高めるときにも有効です。

子どもが帰宅した時、「今日、何か面白いことや楽しいことあった？」と定期的に話しかけてみてください。すると子どもは学校でも「面白いこと」「楽しいこと」探しをするようになるでしょう。

「笑い」は「子ども心」を取り戻すことにもつながります。そのため、「もう一人の自分」からのメッセージを受け取りやすくなるのです。

「笑いの力」があれば、会社で厳しい環境にあっても前向きに働くことができそうです。

パラリンピックの選手と「もう一人の自分」

同じように絶望の淵から生還し、活躍の舞台に立ったパラリンピックの選手にも焦点を当て、そのような状況下で、どのように「もう一人の自分」からメッセージを受け取ったのかを探求していきましょう。

「失ったものを数えるな。残されたものを最大限に生かせ」

これはパラリンピック創設者でもあるグッドマン博士の言葉です。

この金言は、パラアスリートはもとより、誰にでも当てはまり、人生を豊かにしてくれるエネルギーにあふれています。

また、この言葉は同時に「過去を引きずらないこと」をも意味しています。

「東京2020オリンピック・パラリンピック」においても、パラアスリートたちはこの言葉を見事に体現し、多くの視聴者に驚きと感動を届けてくれました。


パラアスリートの中には、生まれつき何らかの障害がある場合と、後天的に病気や事故で身体の機能が麻痺したり、それを失ったりした場合があります。

とくに後者の場合、大概の人は「絶望」を味わっていることと思います。

ほとんどのパラアスリートは、そんな絶望の淵から生還し、日々鍛錬を重ね、世界各国の代表にまで上りつめた選手たちです。

両腕のない卓球のハマト選手（エジプト）は口にくわえたラケットで強烈なスマッシュを放ち、片足が義足のレーム選手（ドイツ）は陸上・走り幅跳びで8メートル台を連発。通常の感覚や想定をはるかに超えた姿に感嘆の声を上げるしかありません。

よくぞ、ここまで……。

「もう一人の自分」は「決めた人」をサポートする

フランクルにしても世界のパラアスリートにしても、絶望の渦中において「生きる！」「生還する！」あるいは「パラリンピックに出場する！」などといった「意思決定」の瞬間があったに違いありません。

環境や事情にのみこまれ、流されることなく「意志の力」で過酷な境遇を受け入れながらも、それを乗り越えようと決めた、その時にこそ「もう一人の自分」は動き出すのです。

人が心からの意思決定をしたその時、「もう一人の自分」は全面的にサポートせざるを得ない状況になるのだと思います。

「モンテッソーリ教育」と「もう一人の自分」

GAFAの創業者を育てた「モンテッソーリ教育」

ご存じのように、世界中の人々が頻繁にアクセスし、膨大な情報やデータを所有している代表的な企業が「Google」「Apple」「Facebook」「Amazon」、俗に「GAFA」と表現される企業です。

これらの企業が世界中の人々に与える影響力、感化力は想像を絶するものがあります。

じつはこの4つの企業の創業者全員が受けたとされるメソッドがあります。

それこそがイタリアのマリア・モンテッソーリ女史が提唱した「モンテッソーリ教育」です。

マイクロソフトのビル・ゲイツ、米国のオバマ元大統領、日本では将棋界の若きホープ、藤井聡太四冠（2021年11月現在）もこのモンテッソーリ教育を受けたといわれます。

これほど現代社会に貢献したり、才能を発揮する人材を輩出しているこの教育は、2つの「そうぞう力」を育て、「もう一人の自分」からのメッセージを受け取りやすい状況を構築しているに違いないと私は考えています。

そのあたりに焦点を当て、「モンテッソーリ教育」を見ていきましょう。

「吸収する精神」

子育てにおいて、「親の都合」を優先してしまうと、子どもの可能性を押しつぶしてしまうことになりかねません。

それは子どもにとってとても重要な「吸収する精神」というものを妨げることになってしまうからです。

モンテッソーリは、「子どもはまわりの環境から、すべての事象を学びとる特別な力を持っている」ことを発見し、それを「吸収する精神」と呼びました。

ふさわしい環境を与えてあげることで、子どもは熱中し、ぐんぐん吸収します。そこで生まれる集中力は目を見張るものがあります。

この「熱中し、吸収すること」は、「もう一人の自分」が目覚めるために非常に重要なものです。

後に述べますが、人は熱中して時間を忘れることで、時空間を超越する感覚を実体験します。これは「もう一人の自分」との共同作業となっているからです。「我《われ》ならぬ我」という論理的には説明しきれない存在を、肌感覚で、実感することができる瞬間ともいえるでしょう。

受容と肯定そして自立

モンテッソーリ教育では「受容と肯定をされることで、好奇心と冒険心が育ち、チャレンジ精神が豊かになる」と考えます。

日清食品の三代にわたる挑戦は、「受容と肯定」が社風の根底にあるからできることだと思います。人は肯定されることで、いつしか自立心が育ち、困難や苦難さえ肯定的に捉えるようになります。

フランクルのように壮絶な体験をしたとしても「それでも人生にイエスと言う」ことができる驚異的なたくましさ。それはすべてを肯定する生き方の典型を教えてくれています。

この「受容と肯定」を心から感じることで「もう一人の自分」が目覚め、「生きる力」が湧いてくると私は信じています。

「見守る」は「もう一人の自分」と同じスタンス

「歩き始めの子どもはよく転びます。

転んでも大人は助け起こさずに、子どもが自分で立ち上がるのを見守ります。自分で立ち上がることも自立への一歩です。

もちろんすぐに病院に行かなければいけないような大けがは別ですが、転んですりむいたぐらいなら、泣いても手助けしません」

（拙著『モンテッソーリ教育×マヤ暦』（MAP出版）より抜粋）

「もう一人の自分」を理解するとき、この「見守る」という姿勢は非常に重要です。子どもの将来の夢がある場合、そのために獲得しておかなければならない能力やスキルなどがあります。

大人はそれを「見守る」ことが大事です。余計な手出しをするのは、子どもにとってマイナスにしかなりません。

「見守る」ということは、「もう一人の自分」と同じ視点を持つということにほかなりません。

モンテッソーリ教育を学ぶことで、子育てはもとより、人間関係や多くの学びになることはもちろんですが、じつは「もう一人の自分」が私をどのように見つめているかというヒントにもなると私は感じています。

第3章

「もう一人の自分」が目覚める方法

「もう一人の自分」が目覚めるための7つの鍵

サインの形はいろいろ

この章ではあなたの中に眠る「もう一人の自分」を目覚めさせ、メッセージを受け取る方法についてお伝えしていきましょう。

「もう一人の自分」は、あなたの中で常に「こっちだよ」「これを選んで」とサインを送っています。

つまり「それに気づくか、気づかないか」なのです。「もう一人の自分」からのサインやメッセージに気づくことは、「目覚める」ということでもあります。

では「もう一人の自分」からのサインというのは、どのようなものでしょうか。

サインはじつに様々な形があります。最初は見逃してしまうことも多いかもしれませんが、「もう一人の自分」の存在を信じて、「答えを受け取ろう」という意志を持つことで、必ずサインが読み取れるようになっていきます。

「もう一人の自分」のサインを受け取ることができるようになると、ありえないようなラッキーなことが起こったり、思わぬ人に出会えるなど、あなたのまわりにミラクルが起こり始めます。

するとますます「もう一人の自分」からのインスピレーションを受け取ることが上手になっていきます。それが続けば、あなたの人生は驚くほど開けていくでしょう。

「もう一人の自分」からのサインに気づくために

「もう一人の自分」からのサインやメッセージが来ても、「アンテナ」が立っていないと認識することができません。日頃から心のセンサーを磨いておくことが重要です。

ここでは、どうしたらサインに気づくことができるか、ヒントを「7つの鍵」としてご紹介したいと思います。

「もう一人の自分」に気づくための鍵①自分の本当の気持ちに気づく

「何のために？」を意識する

プロローグで「もう一人の自分」とは、「心の混じり気のない部分」「純粋な部分」だと述べました。

つまり「もう一人の自分」とは「あなたの奥底に秘められている気持ち」、つまり様々な雑念や邪心をろ過し、最後に残っているものともいえるでしょう。

その秘められた、まるでダイヤモンドのような部分に気づくためには「あること」を意識し続けることが必要です。

それは「何のために？」と自分に問いかけること。自分の意図や動機を確認することです。

これは第1章で述べた「もう一人の自分と松果体」の内容ともリンクします。

松果体を形成するケイ素は、水晶やクリスタルの主成分であると述べました。松果体を活性化し、「もう一人の自分」という存在を実感し、連係するためには「純度」が大きく影響するということです。

ここで注意したいのは、「何のために？」という問いを持ったときに「自分のため」という答えが返ってきてもまったく問題ないということです。

相田みつをの著名な言葉に「人の為 と書いて いつわり と読むんだねえ」というものがあります。

「誰かのため」や「社会のため」ももちろん重要だけれど、それと同じように「自分のため」をセットにしたらいいかがでしょうか。

逆に「自分のため」が欠落すると、偽善になりかねないのです。

その上で「自分のため」と同じくらい「誰かのため」があった方が、実際に継続率も上がり、踏ん張れることが証明されています。

財界人・稲盛和夫さんの「自分への問いかけ」

京セラ、KDDIの創業、そして日本航空の再建に関わり、日本を代表する財界人でもある稲盛和夫さん。大きな夢を描き、それを実現しようとするとき、いつも稲盛さんが自分自身に問い続けてきたのが「動機善なりや」という言葉です。何をするにしても動機が正しいものなのかどうかということを重視していたのです。

さらに稲盛さんは仕事を進めていく中で「私心なかりしか」ということも常に確認していたといいます。これは自己中心的な発想で取り組んでいないかということです。

稲盛さんは「何のために?」をいつも確認し、おそらく自分自身に言いきかせることで心の純度を高めたのでしょう。それを「もう一人の自分」が全面的にサポートしたからこそ、あれだけの功績を残し、日本を代表する財界人となったのではないでしょうか。

「何のために？」こそ、「もう一人の自分」が最も反応する部分である――。稲盛さんこそ、それを証明するような存在だと思うのです。

「もう一人の自分」に気づくための鍵②「ゼロ」になる

「ゼロ」の状態になれば宇宙とつながる

マヤの叡知のひとつに「0（ゼロ）」という概念があります。ゼロの概念を発見したのはインドだといわれていますが、それよりもっと早くマヤ文明ではゼロという概念が使われていました。

人においても、この「ゼロの状態」というのはとても重要です。ゼロの状態とは、ある意味で、前述の「水平」とも表現できます。

そこには先入観や偏見、自分勝手な思いがないため、高次のエネルギーや情報を受け取りやすくなります。そこで宇宙とつながった状態となり、「もう一人の自分」の稼働を実感するのです。

ゼロになるためには「期待」「要求」をしないことです。これは相手に対しても自分に対してもです。「期待」や「要求」は「ゼロ」の概念から完全に外れてしまいます。相手にも自分にも期待しないということは、決してネガティブなことではありません。期待や要求をすると、それが叶わなかったときに苦しみが生まれます。相手にも自分にも要求しないことで気持ちが軽くなり、ストレスフリーな生き方ができます。

これを意識して実践するだけでも人間関係はもちろん、人生も大きく変わっていくことでしょう。

一瞬で「ゼロになる」方法とは

みなさんは生活のため、生きるために「しなければならないこと」があると思います。たとえば生活費を稼ぐために仕事をするとか、家族のために家事をするとか、介護をするとか、それぞれいろいろあるでしょう。

もしそういうことを一切しなくていいと言われたら、あなたはどうしますか？

「何一つ、しなくていい」という状態になったとき、あなたは何をしたいですか？

これが「ゼロ」の状態です。


ゼロになったあなたは、どこで何をしていますか？

世界旅行をしたいとか、好きな人と過ごしたいとか、心ゆくまでゲームをしたいとか、好きなだけダラダラしていたいとか、いろいろあるでしょう。

私なら勉強をしたいです。マヤについてもっと学びを深めるのはもちろん、哲学や歴史など、様々なことを学んで、それをみなさんと分かち合いたいです。

ゼロになり、「もう一人の自分」が動き出したとき、思ってもいないような意外な自分が見えてくるかもしれません。

「もう一人の自分」に気づくための鍵③
「問い」を立てる

問いを持つことで「もう一人の自分」が答えてくれる

「もう一人の自分」を稼働させるためには「問いを持つ」ことがとても重要です。「問い」を持ってこそはじめて、「もう一人の自分」は答えを出してくれます。逆に問いを立てなければ、「もう一人の自分」は答えを出してくれません。

「この問題はどうしたら解決するのだろう」

「自分はどちらを選択すべきなのだろう」

迷ったとき、問題が起こったとき、「もう一人の自分」に問いかけてみるのです。

その際、問いはできるだけ明確に、具体的に立てることが重要です。

自分の頭で考えない

重要なポイントとして、問いを立てた後、ごちゃごちゃと自分の頭で考えないということです。「水平」の項でも述べたことですが、考えた先に答えはないのです。

月面を歩いた体験をもつ宇宙飛行士が異口同音に語るのは「月面で様々な疑問を持つと瞬時に答えが返ってくる」というものです。

答えは三次元を超えたところにあります。疑問は、ひらめきや様々な現象を通して示されることが多いのです。

ここでいろいろ考えてしまうと、ひらめきやインスピレーションがかき消えてしまい、「もう一人の自分」からのメッセージが届きません。

問いを立てた後は、深刻に考えず、「もう一人の自分」にまかせることです。

何も考えない練習

よく「笑うことが健康によい」といわれています。たとえばがん細胞を攻撃する力をもつといわれるＮＫ細胞が一番活性化し、増殖するのは大笑いしている時だといわれています。

笑うことは「もう一人の自分」が目覚めるためにも必要なことです。ただし、ここで私が注目しているのは「大笑い」という行為自体ではありません。笑うこと以上に重要なことがあって、それが「余分なことを考えない」ことだと思うのです。

大笑いしている瞬間は、なにも考えていないというか、考えることができないものです。つまり「ゼロ」の状態です。大笑いもゼロの状態を作る手段なのです。

健康のためにも、「もう一人の自分」のためにも、時には大笑いをすることをお勧めします。

「もう一人の自分」に気づくための鍵④
童心に帰る

無邪気になる

純粋な子どもの心、純粋な好奇心に返ることで、「もう一人の自分」は動き出します。子どもは無邪気です。子どもはみんな「もう一人の自分」が働いているのです。だから子どもってみんな幸せですよね。

無邪気の反対は「邪気」です。残念ながら私たちは大人になるにつれて、無邪気を失い、邪気が出てきてしまうのです。邪気の中には損得勘定が入っています。損得を考えるとますます無邪気になれません。

「面倒くさいことをする」ことの効果

では、どうしたら無邪気になれるか。

これを容易にするのは「面倒くさいことをする」ことです。人は面倒なことをすると邪気が飛んで無邪気に返るのです。

面倒なことをあえてやってみましょう。たとえば掃除ならパーッと掃除機をかけるだけで終わらせず、雑巾で床をピカピカに磨くとか、先延ばしにしていたクローゼットや物置を片付けるなど、日常生活の中でできることでいいのです。

無心に取り組んでみることで、何かの気づきが起こる可能性が大きいのです。

あるいは、人に会いに行くのもいいでしょう。「人に会いに行く」というのは、なかなか面倒くさいことですから。

「もう一人の自分」に気づくための鍵⑤ ダイアリーをつける

自分の思いを綴るダイアリー

「もう一人の自分」を稼働させる上で、非常にお勧めなのがダイアリー（日記）をつけることです。

この場合の日記というのは、その日の行動を記録するようなものではなく、自分のその日の思いを吐き出すものです。もちろん行動を記録してもいいのですが、必ずそこで自分がどう思ったか、どういう感情でいるかを書き記しましょう。

形式や制限はありません。1日のどこかで時間をもうけ、自分と向き合い、感じたこと、気づいたこと、思いついたことをひたすら書き綴ればいいのです。短くてもかまいません。

これを続けていると、「もう一人の自分」が語りかけてくることを感じられるようになります。

自分と向き合うことの大事さ

書くという作業は、自分の思いを「見える化」することです。

現代は情報社会です。ひとつのことを調べたり考えたりしようとすると、別の新しい情報が入ってきてそちらに意識が飛んでしまいます。すると「何を調べようとしていたんだっけ？」となって思考が分断され深まっていきません。

そこで書くという作業が大事になってくるのです。書くという作業は自分と向かい合うことです。自分と向かい合う習慣を持つことは非常に大事なことです。

モヤモヤしていたことも書くことで客観化できて、冷静になれます。自分の感情に折り合いを付けられるのです。「日記は感情の浄化作用を促す」という主旨の論文もあります。

ダイアリーをつける時間はいつでもいいのですが、できれば就寝前か朝起きた直後がいいでしょう。

ダイアリーをつけると不思議に問題が解決・改善する

シンクロニシティ研究会では『マヤ・ミラクルダイアリー』を発行していて、これはマヤ暦に合わせてダイアリーをつけられるものです。つけている人からは「シンクロニシティが起こる」「毎日が楽しくなる」「悩みや問題が自然と解決していた」という声がたくさん寄せられています。実際にダイアリーをつけている人の声を左記にまとめたので参照してみてください。

感想　～ダイアリーを実行してみて～

Yさん
ダイアリーを付け始めた当初、借金問題、旦那さんの浮気などで、毎日、心が休まることがなかった私の望みは「心穏やかに暮らしたい」でした。ダイアリーに書くことは毎日旦那さんへの不平不満。でも書くうちにわかったのは「私は寂しかっただけ。旦那さんに寄り添ってほしかっただけ」ということ。私は、根底にある寂しさを旦那さんに埋めてもらいたかったのです。でも、そこは、人に埋めてもらうことではなく、自分自身で埋めていかないとダメってことに気づきました。

そこから、私は「もう一人の自分」との交換日記として、ダイアリーを使うようになり、すべての感情は「もう一人の自分」からのメッセージとして受け取り、たとえば、人から褒められた時は、喜びの気持ちを書いて、最後は必ず「Yちゃん、ありがとう」と書きました。この繰り返しを、コツコツと行っていったら、ずっと願っていた「心穏やかに暮らす」ことが叶っていました。

Sさん

ダイアリーを書き続けたことで始めに書いた目標が5つのうち2つかなっていました。1つは家具を新しくしたいという事でしたが、夫と憧れだったイケアに行くことが出来ました。インテリアに関心がない夫がなぜ変わったのか不思議です。本当にすごいと思います。

Tさん

ダイアリーをつけ続けることで起きた変化がいろいろあります。それまでの仕事を思い切ってやめ、やりたい仕事を始めたこともそのひとつです。他人軸中心だった価値判断基準が、自分軸を大事にできるように変わってきて、「こうしたい」という願いが叶うことが増えました。

Aさん

ダイアリーを書くことで月の収入が7桁になり、現在も継続しています。じつは最初は半信半疑でした。でも何もしないよりはいいと思い、無理かなと思う願いもたっぷり書いているうちに、そのうちの何個かは叶いました。ダイアリーを書く事でシンクロが起こりやすくなったのも大きな変化です。

Dさん

ダイアリーを丁寧に使い、自分と向き合う時間を15分作ることを決めて書き続けるうちに、リストアップした願いが見事に叶うようになりました。人生を変えることの出来るダイアリーと言っても良いです。素晴らしい経験が人生に出来るチャンスに感謝致します。

Kさん

私自身とても辛いことばかりの人生でしたので、意味がわからないことも多く、困難なのが人生なんだなぁ、と思い込んで生きてきました。ミラクルダイアリーをつけることで自分と向き合っていく機会が増えて、潜在意識と繋がり、自己肯定感がアップしてきました。

さらに、だんだんと本当の自分に出会い、本来の役割・使命を知り、そこに戻るだけでよいということが理解でき、どんどん生きやすくなり、あんなに苦しく困難だった毎日がとても楽に、いままでは楽しいことしかないな〜と思えるほどまでになったことは、奇跡としか言いようがありません。

Mさん
ダイアリーに繰り返しくりかえし、書き込みしていくと、いつの間にか、引き寄せられるように、願いが叶うんだということを本気で感じるこの頃です。
書き続けるうちに最初に立てた目標がすべて完了形になりました！　すごいです！

Lさん
周りの雰囲気を読み、遠慮して言葉をうまく出せない私。最初はひとりでつけ始めたのですが、そのうち夫もダイアリーを付けるようになりました。夫婦で記入するようになり、少しずつ感情的に言うことが減ってきて、夫婦になり7年、タブーとしていた子どもの話に向き合うようになりました。
2021年7月初めて妊娠しましたが、まもなく赤ちゃんはお空に。お別れの中で、夫婦ともに心の奥底に隠していた感情と向き合うことが出来たことに感謝しています。

自己犠牲の感情を感情のままに書いていた頃からすると、今は書きながら自分の感情と向き合い、昨日より今日と前に進むことができ、子ども心の素直な気持ちを大事にしていると、直感が冴えてきたように感じています。

Bさん

海外在住ですが、ダイアリーに「行きたい場所」を書きこんだところ、このコロナのご時世ではありますが、ほとんど訪れることができました。

書きこんだ場所はニューオリンズ、モービル、ワシントン、ニューヨーク、ニューポート、バーモント、アンマン（しかも住むことになりました）、プラハ、シチリア島です。プラハは規制が厳しく断念しましたが、代わりにルーマニアに行くことが出来ました。他に行けていないのはシチリア島だけ。規制が緩んだら行きたいと思っています。

ほかにもレイキ、ヨガ、ピラティスなどやりたいことがどんどん叶っています!
今では毎日日記をつけるのが楽しくて仕方ありません。

「もう一人の自分」に気づくための鍵⑥
「覚える」ことを大切にする

感情を深掘りしてみるとわかること

「覚える」という言葉は、「違和感を覚える」や「感動を覚える」「怒りを覚える」「悲しみを覚える」といった使い方をされます。

他にもたくさんありますが、じつはこれらの言葉について、「なぜそのような感覚になるのか?」を深掘りし、たどっていくと、「もう一人の自分」が関わっている場合が数多くあるのです。

とくに「違和感を覚える」という場合は、「やめておいたほうがいいのでは」「一旦、保留にしておこう」「慎重に対応しよう」といったメッセージが含まれていることがほとんどです。

また「感動を覚える」という場合、その度合いやレベルにもよりますが、自分の奥底に眠っている「もう一人の自分」が反応していることもあります。

「もう一人の自分」が反応した感動は、わかりやすく言えば「魂が震えるような感動」です。それは何年経っても忘れることがありません。

想像もできない大量の涙

もう40数年前、私の高校時代の体験です。サッカー部に所属していたのですが、正月の全国選手権の県予選で、準決勝まで勝ち残りました。

準決勝の相手は既に全国制覇を2度成し遂げている名門校でした。あと1分で延長というところまで0対0でしたが、結果は終了間際に1点を取られ惜敗。

チームの実力を考えれば、準決勝に勝ち残ったこと自体が奇跡的なことだった上に、強豪相手に互角の戦いを繰り広げることができたのです。

いま思い出すと、その後に起こった現象を通して、明らかに「もう一人の自分」がそれまでの奇跡的な戦いをサポートし、寄り添ってくれていたことを実感します。

その現象とは、試合終了後、あいさつを終え、会場のスタジアムで着替えをしていたときに起こりました。

少しの悔しさと、ここまでこられたという満足感と多少の達成感……。いろいろな気持ちが入り交じっていましたが、訳もわからず、今まで体験したこともない大量の涙がとめどなく流れ続けるのです。

バスタオルで顔を覆い、声を押し殺しての号泣。泣くのをやめようとしてもやめることができないのです。私がワンワン泣いていると、なぜかチームメイトにもそれが伝播して、みんなでワンワンといった様相になりました。

後で見ると、私のバスタオルは涙でぐちゃぐちゃになり、驚くほどの重さになっていました。

自覚や意識を超えた「覚える」が意味すること

この理屈では説明がつかない「違和感」「感動」や「怒り」「悲しみ」。これらは自分という存在を超え、「もう一人の自分」という存在がそこに関わっているのです。

とくに「魂が震える」という表現がピッタリくる場合は、「もう一人の自分」が介在しています。

結局、「もう一人の自分」は「魂」そのものともいえる存在なのでしょう。

前述のように、哲学者デカルトが「魂の在りか」と表現した「松果体」と、「もう一人の自分」はやはり切っても切れない関係にあるのです。

「もう一人の自分」に気づくための鍵⑦ 朝起きたときにインスピレーションを受け取る

朝起きたときに降りてくる言葉・イメージに注目する

朝、目が覚めたときというのは、意識と無意識の境目のゾーンにありますから、「もう一人の自分」とつながりやすいのです。

おそらく誰もが目が覚めた瞬間に、「もう一人の自分」とつながって、メッセージを受け取っているはずなのです。でもみなさん、それを意識していないため、流してしまっているのです。これは非常にもったいないことです。

明日の朝からはぜひ、目が覚めたときにどんな言葉やイメージが浮かぶか、意識してみてください。

私のピンチを救ってくれた朝のひらめき

私の場合は特に、朝起きた瞬間に「もう一人の自分」からのメッセージが降りてくることがよくあります。

先日もこんな「命拾い」をしました。

うちには小型の金庫があります。多少の現金と大切な書類や貴重品などを保管していました。ところが、これを開錠するための「暗証番号」をド忘れしてしまったのです。メモもしてありません。

番号は8ケタ。思いつく限りの数字を入れてみるものの、ビクともしません。数日にわたって格闘したけれど、どうしてもダメ。万策尽きたとはまさにこのことでした。こうなったらもう壊すしかないのか……と半ば諦めの心境に達していました。

ところが、そこから数日たった朝、目覚めた瞬間、8ケタの数字が浮かんだのです。映像でハッキリ見えました。

「これだ！」

急いでその数字を入力したところ……見事に開いたのです。まさにミラクルが起きた瞬間でした。「もう一人の自分」が教えてくれたとしか言いようがありません。

「もう一人の自分」からメッセージを受け取るミニヒント集

絶体絶命のピンチに陥ったとき

第1章で述べたことにもつながりますが、絶体絶命のピンチというとき、不思議なことに「もう一人の自分」が稼働します。

「火事場の馬鹿力」は本当にあることで、ガムシャラにやったら普段では考えられないような力が出せたとか、ここ一番というときに実力以上のことを成し遂げることができたなどという話をみなさんも聞いたことがあると思います。あるいはご自身で経験された方もいらっしゃるでしょう。

この「火事場の馬鹿力」こそ「もう一人の自分」にほかなりません。火事場の馬鹿力が出るときは、宇宙の無限のエネルギーにつながっているのです。

もちろん絶体絶命のピンチになど誰も陥りたくないでしょう。しかし、人生にはいろいろなことが起こるものです。何も困ったことが起こらず、平穏無事に人生を送りましたという人はいません。

やるべきことはやったけれど、もうなすすべがない、お手上げというとき、人は何も考えられなくなります。まさに「人事を尽くして天命を待つ」状態になったとき、「もう一人の自分」があなたを救いに来てくれます。

目の前のことに集中する

前項にもつながりますが、「今ここ」に集中した時、目の前のことにすべてを集中させると「もう一人の自分」が一気に目覚めます。ただの集中ではない、「ド集中」することが大事です。

私たちはとかく「今は起こっていない未来の心配」「くよくよ考えてもどうしようもない過去」などに気を取られて、「今ここ」に心がないことが多いのです。今の意識に集中し、今の自分の状態を受け入れることが大事です。

リラックスする

居心地のいい場所でリラックスすると、「もう一人の自分」の声が届きやすくなります。

1日の終わりにお風呂に入ってホッと一息ついたとき、お茶を飲みながらボーッとしているとき、気持ちのいい場所を散歩しているとき、「もう一人の自分」はあなたに話しかけてきます。

逆に緊張してイライラしているようなとき、気持ちに余裕のない時は「もう一人の自分」の声が聞こえてきません。

みなさん、毎日忙しく過ごしていると思いますが、1日のうちで意識的にリラックスする時間を取ることをお勧めします。

瞑想

瞑想は「もう一人の自分」とつながるために非常に有効な方法です。1日のどこかで、5分でも10分でもいいので、心を整えて瞑想をする習慣を持ちましょう。

私の場合、瞑想をすることで松果体が活性化して、「もう一人の自分」とつながりやすくなるような感触を持っています。

自然の中に身をゆだねる

自然の中に身をゆだねてゆったり過ごすことで松果体が活性化し、「もう一人の自分」とつながることができます。

山や海に行く、森林浴をする、川辺を散歩するなど、好きなこと、好きな場所でいいのです。特に都会に住んでいる人、家にこもりがちな人は、意識しないとなかなか自然に触れる機会がありません。競争社会で生きていると、人は本当に大事なものに触れ合えません。

せめて近所の公園などでもいいので、時々は自然の中に身を置きましょう。

過去を引きずらない

過去を引きずっていると、「もう一人の自分」が稼働しません。

過去を引きずっている人は今を生きていないのです。今に照準を合わせて、今を生きてこそ、「もう一人の自分」が動き出すのです。

二刀流で八面六臂《ひちめんろっぴ》の活躍を見せる大リーガー、大谷翔平選手。過去にはケガをしたこともあったし、不振の時もありましたが、彼は悪いことがあっても、それをまったく引きずらないのだそうです。スパッと切り換えて次に臨むことができるのです。

もしかしたら大谷選手も「もう一人の自分」がサポートしているからこそ、あれだけの活躍ができているのかもしれません。

第4章

マヤ暦で知る「もう一人の自分」

マヤ暦が教えてくれる「あなたの魂の望み」

この章では、マヤ暦を使って「もう一人の自分」を目覚めさせる方法を解き明かしていきます。

本書でマヤ暦に初めて触れるという方もいらっしゃるでしょうから、まずはマヤ暦とは何か、「ウェイブ・スペル」「鏡の向こう」とは何か、簡単に説明していきましょう。

マヤ暦にはツォルキン暦というものがあります。

このツォルキン暦は宇宙の周期律（リズム）を示しており、マヤの叡知が凝縮されているものです。このツォルキン暦に従って生きることで宇宙の叡知を受けとることができ、多くのシンクロニシティが起こるのです。

ツォルキン暦は13と20という数字の掛け合わせ（13×20＝260）でできています。

この260日を1サイクルとし、この260日のうち、どの日のエネルギーを浴びてきたかによって、その人の本質が決まってきます。

これを「KINナンバー」といいます。KINナンバーは当然ながら、1から260まであります。

KINナンバーこそはあなたの本質が刻まれた「魂の刻印」です。

魂の刻印、それは本当の自分の姿であり、あなたの魂の望みであり、この世に生まれて来た役割を示すものです。

マヤ暦についてより深く知りたいという方は、シンクロニシティ研究会のホームページをご覧いただければと思います。

あなたの潜在意識を示す「ウェイブ・スペル」

「太陽の紋章」と「ウェイブ・スペル」

それぞれのKINナンバーは「太陽の紋章」と「ウェイブ・スペル（以下、WS）」と「銀河の音」という3つのエネルギーを持っています。

宇宙には20の異なる「創造主の一面」があって、それが日ごとに順番に巡ってきているとマヤ暦では考えます。

生まれた日にこの20のうちの、どのエネルギーを浴びたかによって、太陽の紋章、WS、銀河の音が決まってくるわけです。

「太陽の紋章」、「WS」は、「赤い空歩く人」「白い魔法使い」など、ちょっとユニークなネーミングがされています。

このうち「太陽の紋章」は顕在意識、「WS」は潜在意識を表すとされます。

「太陽の紋章」は表に出やすい性格や特徴を示し、「WS」はあなたも知らないあなた、潜在能力です。

もうおわかりかと思いますが、この「WS」こそがあなたの「もう一人の自分」と深く関わっているものです。WSを紐解けば、あなたの奥に秘められた本質にまで到達することができるのです。

あなたの「もう一人の自分」である「鏡の向こう」

さらにマヤでは「鏡の向こう」という概念があります。

「鏡の向こう」は、260のKINナンバーのうち、ひとつだけあてはまるもので、「鏡の向こうにいる『もう一人の自分』を表すとされています。

マヤ暦では「鏡の向こう」は、あなたにとっての「もう一人の自分」を目覚めさせるエネルギーをもっているとされます。

あなたにとっての「鏡の向こう」は260のうち1つだけですから、なかなか出会うことができません。それだけにその出会いは非常に貴重とされます。

「鏡の向こう」に関する情報にこそあなたの潜在的な部分を紐解く鍵があるわけです。

つまりマヤ暦においては「WS」と「鏡の向こう」を読み解くことで「もう一人の自分」と遭遇するチャンスが訪れるのです。

あなたの「WS」「鏡の向こう」を出してみよう

では、早速あなたの「WS」「鏡の向こう」を出していきましょう。まずは「WS」からです。

195ページからの巻末の付録2「西暦とマヤ暦の対照表」をご覧ください。これは西暦における生年月日とツォルキン暦のKINナンバーを照らし合わせてみるものです。この表から出る数字が、あなたのKINナンバーです。

たとえば1980年2月28日生まれの人はKIN191です。KINナンバーが出たら、あなたの「WS」を割り出します。本来はツォルキン暦から割り出しますが、ここでは次ページの簡易表であなたのKINナンバーから「WS」を探してください。

ウェイブ・スペル（WS）の簡易表

ウェイブ・スペル	KINナンバー	ウェイブ・スペル	KINナンバー
赤い龍	1~13	青い猿	131~143
白い魔法使い	14~26	黄色い種	144~156
青い手	27~39	赤い地球	157~169
黄色い太陽	40~52	白い犬	170~182
赤い空歩く人	53~65	青い夜	183~195
白い世界の橋渡し	66~78	黄色い戦士	196~208
青い嵐	79~91	赤い月	209~221
黄色い人	92~104	白い風	222~234
赤い蛇	105~117	青い鷲	235~247
白い鏡	118~130	黄色い星	248~260

KIN9は「青い夜」が「WS」となります。

「鏡の向こう」の「WS」を割り出す

次に「鏡の向こう」の「WS」を出していきます。

「鏡の向こう」は261から自分のKINナンバーを引いて出します。KIN191の人ならKIN70です。

さらに簡易表を使って「鏡の向こう」の「WS」も出します。

KIN9の「鏡の向こう」はKIN70ですから、「鏡の向こう」の「WS」

は「白い世界の橋渡し」となります。

「WS」「鏡の向こうのWS」の読み解き方

「WS」「鏡の向こうのWS」が出ましたか?

次ページからは、それぞれの「WS」「鏡の向こうのWS」ごとに「もう一人の自分」を目覚めさせ、メッセージを受け取る方法について述べています。

それぞれ該当する箇所をお読みください。あなたの「もう一人の自分」が目覚める方法がそこにあります。

「WS」と「鏡の向こうのWS」はちょうど半々ぐらいのイメージで読んでいただくといいと思います。

該当する箇所だけではなく、たとえほかの「WS」であっても自分の心が反応する所は、何度か読み返してください。よりよい方向への振動が、本格的に始まるでしょう。

なお、それぞれの「WS」に示されている「パワーコード」は、「もう一人の自分」が強く反応するポイントを示しています。

「赤い龍」

パワーコード　エネルギー　周波数

「赤い龍」の「もう一人の自分」が目覚めるために

「赤い龍」の成り立ちには、「エネルギー」「周波数」という要素が根底にあります。これらの共通点は「目に見えない」ことです。

この「エネルギー」「周波数」に意識を持つことで、行動、結果、起こる現象に振り回されず、物事の「本質」に焦点が合うようになります。すると「もう一人の自分」からのメッセージを受け取りやすくなるのです。

また同族意識、身内意識が強いのでそれを活かすために、人生で見聞きすることを「他人事（ひとごと）でなく、自分事」として考えるようにしてみてください。すると、すぐにでも「もう一人の自分」のサポートが始まります。

常に「自分がその当事者だったらどうするか」「どう感じるだろう」という視点で考える習慣を身につけましょう。

注意したいのは、「赤い龍」には何から何まで知りたいという「完全掌握型」という特徴があることです。きっちりした正攻法は信頼される要素ですが、窮屈さや不自由さを生み出しかねません。

自らの責任を果たし、やるべきことはすべてやり、「結果はゆだねる」という姿勢をもつことです。この「余白、ゆとり」をもつことで「もう一人の自分」からのメッセージを受け取りやすくなるのです。

「白い魔法使い」

パワーコード　サプライズ　畏敬の念

「白い魔法使い」の「もう一人の自分」が目覚めるために

「魔法使い」というぐらいですから、目に見えないものや周囲の存在をリスペクトし、心から尊重することで「魔法の力」を使うことができ、「もう一人の自分」の目覚めが起こります。

「白い魔法使い」にとって最大の「魔法」は「愛すること」です。関わるすべてを信じ、愛することで「もう一人の自分」との連係プレーが実現します。すると魔法にも似たミラクルの連続が起こり、常識を遥かに超越した成果が期待できるでしょう。

また「白い魔法使い」は「信じやすい」という特徴があり、それゆえに人に裏切られたり、騙されることもあります。しかしそれをも甘受し、受けとめることで、魔法の力は何倍にもなります。

「白い魔法使い」は何事にもいつもベストを尽くし、真摯な姿勢で取り組みます。しかし、自分の中で結果まで予測し、想定する習慣があるため、ときにはそれが取り越し苦労になることもあります。また、自分の責任と思いにくいところも。

この面が強く出ると、「魔法の力」は衰退し、「もう一人の自分」も一歩距離を置いてしまうので注意しましょう。

「青い手」

パワーコード　ヒーリング　ボディトーク

「青い手」の「もう一人の自分」が目覚めるために

「青い手」は生まれつき「癒やしのエネルギー」をもち合わせています。

この「癒やしの力」を十分に発揮するには、自分の内面がスッキリと整理されていることが大切です。その際、頭で考えるのではなく、「体の声を聴く」という視点が視野を広めてくれます。

「体の声を聴く」という意識の延長線上に「もう一人の自分」からのメッセージを受け取ることができるのです。

体験することも大事です。実際に体験し、味わい、喜怒哀楽をしっかり感じることで、「癒やしの力」はさらにパワーアップしていきます。

実際に手を使い、ノートに書くことで「見える化」すると、「もう一人の自分」が協力態勢に入ってくれます。「見える化」「具体化」されると「もう一人の自分」も働きやすくなるのかもしれません。

また、「もう一人の自分」の存在をイメージし、意識しながら瞑想する時間をもつこともお勧めです。その際、「メッセージを受け取る」という感覚を明確に意識してみてください。

「黄色い太陽」

パワーコード　ソーラーマインド　水平

「黄色い太陽」の「もう一人の自分」が目覚めるために

「黄色い太陽」にとってソーラーマインド（太陽の心）や太陽光は不可欠なもの。

ソーラーマインドとは普遍的な心、公平で分け隔てがなく、いつも変わらない一貫性を持った心のことです。

この2つがあってこそ「もう一人の自分」が目覚めます。

ですから、まずは太陽光をたっぷり浴びることです。太陽の光を浴びると「松果体」が活性化され、幸せホルモンと呼ばれるセロトニンが分泌されます。

太陽の恵みである植物や樹木と接することも大切です。

これらのエネルギーを浴びることで、確実に「もう一人の自分」の存在を実感することができ、対話が始まることでしょう。

「黄色い太陽」は人生において責任を持たされ、判断を迫られる場面にも数多く遭遇します。これは生まれつき「責任感」を併せもっているからです。

しかしそんなときも「ソーラーマインド」で生きることで、常に「もう一人の自分」が寄り添ってくれ、幾度となく大切なメッセージを送ってくれるでしょう。

さらに次の2つを意識すると「もう一人の自分」と共に歩み続けるようになります。それは「すべてを元の場所へ戻すこと」「あらゆるものをつなぎ、その差を縮めること」。「黄色い太陽」のミッションに生きれば「もう一人の自分」が強烈にサポートしてくれるでしょう。

「赤い空歩く人」

パワーコード　空間認識能力　フィールドプリンシプル

「赤い空歩く人」の「もう一人の自分」が目覚めるために

「フィールドプリンシプル（現場主義）」がすべてをスムーズにするポイントです。現場に足を向け、その空間を肌で感じることで「もう一人の自分」からのメッセージを受け取る準備が整います。

人一倍、用心深いタイプではありますが、勇気をもって大胆に行動することがテーマであり、課題ともいえるでしょう。勇気をもって一歩を踏み出すことで「もう一人の自分」はあなたを放っておくことができず、本格的に介入を始めます。

「心地よい空間」ということも「赤い空歩く人」にとって重要なこと。できるならば家庭や職場を「愛の空間」にするイメージで暮らすことです。

また時には、リフレッシュのために自分一人でリラックスできる空間をもつことも大事です。心地よく満ち足りた気分になれる空間にいるときこそ「もう一人の自分」からの声が聞こえてくることでしょう。

また、「赤い空歩く人」は、「人々の成長を手助けする」という「奉仕のエネルギー」を持ち合わせています。さらに「赤い空歩く人」の語る言葉は教訓めいていて、学びとなることが多いのです。

奉仕に生きること、人に物事を教えること――こうしたミッションに生きることで「もう一人の自分」からのメッセージが受け取れるでしょう。

「白い世界の橋渡し」

パワーコード　微差　森林浴

「白い世界の橋渡し」の「もう一人の自分」が目覚めるために

スケールが大きなものを望みます。それゆえ「微差（プラスちょっと）」を意識し、それを積み重ねる意識をもつことです。

「白い世界の橋渡し」は非常にコミュニケーション能力が高いのですが、「橋渡し」というぐらいですから、自分が中心になって推し進めるよりも、サポートする側に回ることで絶大な信頼が得られるのです。もし中心的立場になったとしても、周囲の発言に耳を傾ける謙虚な姿勢がポイントになります。

そして「橋渡し」の鉄則は「守秘義務」です。余分なことは語らないことも重要です。

こうした橋渡しの役をしっかりこなすことで「もう一人の自分」が目覚めるのです。またコミュニケーション上手の一方で、人間関係がストレスになってしまう場合もあります。

時には森林浴に出かけてみてはいかがでしょうか。人から離れ、大自然に身をゆだねることで「もう一人の自分」の存在に気づくでしょう。

また、「白い世界の橋渡し」は、「死と再生」というテーマがあります。「死」を意識したり、身近に感じたり、向き合うことで、「もう一人の自分」からのメッセージを断然受け取りやすくなることでしょう。

注意したいのは、相手をコントロールしがちなところです。そこが頭をもたげると、「もう一人の自分」と周波数が噛み合わなくなり、関係が途切れてしまうことになりかねません。

「青い嵐」

パワーコード　パートナーシップ 最終的な明け渡し

「青い嵐」の「もう一人の自分」が目覚めるために

思い入れが強い面があるので、「惚れ込んだものと共に生きる」ことがポイントになります。極端にいえば、惚れ込んだことを仕事にし、惚れ込んだ人と結婚し、惚れ込んだ仲間と共にいる時間を増やす。このように惚れ込んだ人やものと共に暮らすと、「心が満たされる」状態となり執着が激減します。

この状態に入ると「もう一人の自分」から頻繁にメッセージが送られてくるのがわかるでしょう。

「青い嵐」は孤独を楽しむ面もあるのですが、理解者の存在が力の源泉となるのです。

「わかってもらえた」「理解された」という実感が、持ち前のパワーをさらに強めるのです。

また「青い嵐」のテーマは、「最終的な明け渡し」ということにあります。自分という存在さえも明け渡すことができれば、一切の恐れを超越し、本当の自由を手に入れることができます。この時こそ「もう一人の自分」とのコンビネーションを確立できます。

注意したいことは、勝手な思い込みです。これを放っておくと、被害者意識が膨らんでいき、「もう一人の自分」からの声がキャッチできなくなります。

また、不完全燃焼も避けたいところです。心身ともにすべてのエネルギーを使い切るまで、働いたり動いてみることです。これを繰り返すと、さらにパワーアップしている自分に気づくでしょう。

「黄色い人」

パワーコード　高次の意識　ライフスタイル

「黄色い人」の「もう一人の自分」が目覚めるために

「黄色い人」は「生き方」「ライフスタイル」に強い関心をもっているため、『プロフェッショナル～仕事の流儀～』（NHK）や『カンブリア宮殿』（テレビ東京系列局）など、「生き方」のドキュメントものを視聴することでテンションが上がります。感動を覚え、テンションが上がったときが「もう一人の自分」と対話する絶好のタイミングです。

「黄色い人」の大切なことのひとつが「誠意」です。誠心誠意の姿勢を意識し、それを実践することで、「もう一人の自分」がいつも共にいることを実感するでしょう。

「黄色い人」は道理にこだわり、筋を通そうとするため、自然に「高次の意識」に向かいます。「人の道は天の道」という言葉もあるように、道理を通すことで高次の意識につながるのです。

より高次の意識、生き方を模索しながら、感動と共に生きることが「もう一人の自分」と共に生きるポイントといえるでしょう。

注意したいのは、すばやい理解力をもち合わせているため、相手に対し、せっかちな対応をしがちなところです。

話はしっかり最後まで聴くことを心がけましょう。

「赤い蛇」

パワーコード　立体思考　デトックス

「赤い蛇」の「もう一人の自分」が目覚めるために

「赤い蛇」は、どんな状況でも生き抜くことのできるたくましさを持っています。また、天才的な才能を持った人が多いのも特徴です。

一方で他者の評価が気になりやすく、そこにエネルギーが奪われると、本来の才能や能力が発揮できなくなりがちです。「渦中」に入ると客観性が低くなり、本質が見えにくくなってきます。

そこで「立体思考」が大事となります。立体思考とは、いろいろな角度から物事を見るということです。

「蛇」は地を這っているため、平面的な視点で物事を判断しがちです。そこで立体的な角度で物事を見ることで、世界が広がり、見える景色が変わってくるのです。そのときに「もう一人の自分」との交信も始まります。

「赤い蛇」は心の中のモヤモヤはそのままにせず、日記に書いたり、信頼できる誰かと話すなど「デトックス」が大切です。これで「もう一人の自分」とつながる環境が整います。

情熱を傾け、全身全霊を注ぐものが見つかると、「もう一人の自分」の大きなサポートを受けることができます。「赤い蛇」の場合、「もう一人の自分」からのメッセージを体感（身体の感覚）で受け取ることが多いようです。

また十分な睡眠をとることが最高のリフレッシュになります。「よく寝た！」というスッキリ感で行動を起こそうとしたとき、「もう一人の自分」が出動態勢に入っています。注意したいのは、自分の「合う・合わない」だけで判断しないことです。それをすると大切なものを見失いかねません。時には個人の感情を超え、よりグローバルな視点に立つことです。

「白い鏡」

パワーコード　アドヴァーシティ（逆境）フォーエバー（永遠）

「白い鏡」の「もう一人の自分」が目覚めるために

逆境（アドヴァーシティ）に強く、しっかり覚悟を決めることで、いかなることも乗り越えていけるでしょう。

ルール、秩序を守るという意識がとても強い傾向にあります。しかしそれゆえに、ときに「自分の枠」から出られなくなる場合もあります。「鏡の枠」を外すことが「白い鏡」のテーマでもあるのです。

逆境に遭遇することで「枠」が外れ、柔軟性を取り戻すきっかけになる場合がありま す。

「枠」を取り払い、「果てしないエネルギー」を意識し、それをイメージすると、静かに「もう一人の自分」が動き出します。

自分の「枠」が取り外されたときというのは、ある意味で境目がなくなり「時間のない」永遠（フォーエバー）の入り口に立つということでもあります。ここでいう永遠は、「時間の概念を超えた状況（時間を忘れた）」といった感覚です。

この「時間の概念」を忘れるほど集中すると、「白い鏡」は「もう一人の自分」からのメッセージが痛いほど伝わってくるのです。

注意したいのは、他者や自分を責めないことです。責める気持ちになると、「もう一人の自分」とのアクセスルートが閉鎖されることになりかねません。

秩序や儀礼を重んじるため、神社仏閣などで行われる儀式や祭礼に参加し、厳粛なエネルギーを浴びると、鋭い感性が蘇ります。

「青い猿」

パワーコード　インナーチャイルド　ファニー

「青い猿」の「もう一人の自分」が目覚めるために

好奇心旺盛で、楽しいことが大好きなエネルギーをもっています。自由な発想を楽しみ、周囲の常識や想像を超えた型にはまらないタイプですから、「もう一人の自分」とは、元々コンタクトを取りやすい傾向にあります。

「もう一人の自分」とよりつながりを深めるためには、自分の「インナーチャイルド」と向き合い、折り合いをつけることが重要です。そして心の叫びに耳を澄ませることです。

すると「もう一人の自分」からの様々なアイデアやメッセージを受け取れるように

なります。

注意したいのは、深刻にならないこと。深刻になると「もう一人の自分」との関係が遮断され、個人の世界に入り込んでしまいます。

好奇心を大切に、童心に帰ることを忘れないでください。

また、愉快な時空間をできるだけもつことです。

例えば、愉快で気心の知れた仲間と飲食や歓談の場をもつと「もう一人の自分」から、驚くほどクリエイティブな発想を受け取り内外共に若々しい雰囲気をかもし出すでしょう。

「黄色い種」

パワーコード　焦点　爆発

「黄色い種」の「もう一人の自分」が目覚めるために

「黄色い種」は「種から発芽して、開花すること」で人生が開けていきます。「種」が発芽し、開花へと進むには「爆発」が必要です。その前段階として「振動」があります。振動に当たるものは何かというと「挑戦」です。

つまり現状に甘んじることなく、新たに挑戦することで「もう一人の自分」が爆発して目覚め、メッセージを受け取れるようになるのです。

また、「黄色い種」は根本原因、いわゆる根から知りたいという「探究心」がいっぱいです。「納得したい」という思いも強く、納得しないと前に進めないことがよくあります。

いろいろなものに関心が向くのはいいのですが、ともすればエネルギーが分散しがちです。「爆発力」を十分に生かすためには、焦点を絞ることが重要となってきます。

あれこれ頭で考えないで、感覚を磨くことも大事です。そのためには自然に触れる機会を増やすことがお勧めです。

自然エネルギーを浴び、鋭い感性を身につけると、「もう一人の自分」との共同作業で「爆発」が起こるかもしれません。

ここで表現する「爆発」は「突破力」や「大きな影響力」を意味しています。

「赤い地球」

パワーコード　心の響き　アーシング

「赤い地球」の「もう一人の自分」が目覚めるために

「赤い地球」は「自分自身の心に響くもの」を大切に生きることが大事です。その響きが自分の中で「リズム」をつくり、やがてその人のエネルギー、周波数、振動となっていきます。

ですから、「もう一人の自分」を目覚めさせるためには「リズムに乗って踊る」ことがポイントとなります。とくに回転運動は、抜群の効果が期待できます。松果体が活性化され、その結果「もう一人の自分」とのルートが開通するのです。

そして「すべては準備されている」。この言葉を固く信じ、念じ続けましょう。「赤い地球」には「シンクロニシティ」という意味がありますが、そもそもシンクロニシティとは偶然起こるものではなく、人生において準備されているものです。「すべては準備されている」と念じることで、「もう一人の自分」のサポートが始まるのです。するとミラクルと思えるような、シンクロニシティのオンパレードを目の当たりにすることでしょう。

リズムに乗れなかったり、過去を引きずってしまうときは、ひたすら「アーシング」を心がけましょう。裸足で砂浜や土の上を歩くのです。瞑想しながら、あるいは祈り念じながら、足の裏で地球と交信するようなイメージで歩き続けましょう。すると必ず「もう一人の自分」が何らかの媒体を通じて話しかけてきます。

テントを張り、寝袋で地面の上に寝てみるのもいいでしょう。「直に地球と接する」ことが重要なのです。地球のエネルギーをたっぷり充電することで「赤い地球」の魂が輝きます。

「白い犬」

パワーコード　アソシエイト　懐かしさ

「白い犬」の「もう一人の自分」が目覚めるために

「白い犬」は非常に家族愛が強く、家族を大切にします。「自分に関わる存在」に対して、思いやすべてのエネルギーが集中しやすいのです。

それだけに人生において「関わる人」をどれだけ広げることができるか。これが「もう一人の自分」が目覚めるためのポイントともいえるでしょう。

人と関わる際に大事なことは、自分の気持ちに正直になることです。忠実なタイプですから、上司や目上の人の気持ちを優先しがちです。しかし、他者の気持ちと同じように自分の気持ちや心も大切にすることです。自分を大切にすることが「もう一人の自分」の声を聞くためにとても重要です。

もうひとつ、「白い犬」が「もう一人の自分」とアクセスしたいときの切り札は「懐かしさ」です。

たとえば過去に関わった同級生に会ったり、懐かしい人物、場所、歌などに遭遇するとテンションが上がり、「もう一人の自分」とのコミュニケーションが始まります。ぜひ定期的に故郷や懐かしい人や場所を訪ねてください。

注意したいのは、感情的になり、冷静さを失うと「もう一人の自分」との交信が途絶えてしまうことです。それを忘れないようにしましょう。

「青い夜」

パワーコード　夢　無意識レベルの番人

「青い夜」の「もう一人の自分」が目覚めるために

「青い夜」は自分の時間・空間（世界）を大切にします。意識せずに、自分の無意識レベルを守っているのです（無意識レベルの番人）。

だから「青い夜」はできるだけ「マイペース」で過ごすことです。マイペースを保つことで、「心を静かな状態」に保つことができ、「もう一人の自分」との交信ができるようになるのです。

他者に合わせ過ぎたり、他者から干渉され過ぎると、「もう一人の自分」との連係が途切れてしまいます。

人生は時として誰かに合わせなくてはならない場面もあると思いますが、そんなときも相手にうまく合わせながらも、基本的には自分のペースを貫くことです。

また「青い夜」は方向や目標、ターゲットが明確になり、集中することで「もう一人の自分」との間のスイッチがオンになります。そのため、常に方向性、目標を設定することが大事です。

さらに「青い夜」は、「夢」で多くのヒントを得ることが多くあります。夢日記をつけるなどして、夢を整理してみましょう。その中で「もう一人の自分」からの重要なメッセージを発見するでしょう。

「黄色い戦士」

パワーコード　自分への疑念を捨てる　戦友（同志）

「黄色い戦士」の「もう一人の自分」が目覚めるために

チャレンジ精神に満ちています。目標が定まると、力が湧いてきます。「戦士」というだけあって共に戦い、心から信頼しあい、利害関係を超えて喜怒哀楽を味わう仲間（戦友）が重要なポジションとなります。

そこで自分のためだけでなく、「自分と縁ある方々のために挑戦する」という覚悟をもつことで、まるで戦友のように「もう一人の自分」の存在があなたを支え、応援してくれるでしょう。

戦友は「生命」を仲介としたつながりです。固い絆で結ばれ、深い思いやりで互いをいたわる関係が数多く見受けられます。それほどまでの関係が築けるのは、「透明で純粋な心」をもって接するからです。

つまり一切の打算を超越し、関わる方々への思いやりをもつことで「もう一人の自分」も「あなたの戦友」に加わり、想定以上の活躍を見せてくれるに違いないのです。

とはいえ、時には戦いモードをオフにし、静かな心の時間をもつことで、チャレンジ精神をメンテナンスしましょう。

注意したいのは、戦いの目的がどこにあるかです。

それを確認するためにも「何のために？」という問いを持ち続けましょう。

「赤い月」

パワーコード　レインドロップ　ミッション

「赤い月」の「もう一人の自分」が目覚めるために

自分の役割、ミッションを感じながら生きることで豊かな人生となります。
「赤い月」というエネルギーは、決めたことはとことん貫くという強烈なものです。ですから一旦決めたことに対して「徹底してやり抜く」ことで、「もう一人の自分」が本格的に、全面的に応援態勢に入ります。

注意したいのは「月」というだけあって、太陽のような膨大なエネルギーの影響を受けやすいことです。それがプラスであるときはよいのですが、マイナスの強烈なエネルギーを受けてしまうとパワーダウンし、「もう一人の自分」と音信不通になります。

しかし、「赤い月」にはそれを察知する機能が既に組み込まれています。負のエネルギーを感じた場合、できるだけ距離を取り、避けることです。

また「一度決めたことを貫き通す」のはいいのですが、ときには換気やガス抜きが必要になります。

そこで有効なのは、レインドロップ（雨の水滴）による浄化です。雨に打たれる、滝に打たれる、あるいは水風呂などもお勧めです（風邪に注意してください）。

浄化で一旦リセットしたのち、もう一度自分のミッションにすべてのエネルギーを傾ける。このサイクルの中で「もう一人の自分」とのつながりが深まっていくことでしょう。

「白い風」

パワーコード　存在を認める　メッセージ

「白い風」の「もう一人の自分」が目覚めるために

「白い風」は表面には現れませんが、内に繊細な細やかさを秘めています。まず「自分」と「相手」の存在を認め、肯定することです。すると共感者が次々に出現します。

そして自分のメッセージを伝える前に、「もう一人の自分」を通じてのメッセージを受け取るという意識を持ってください。その意識が「もう一人の自分」とのつながりを深めます。

また「白い風」のポイントは、「無意識の領域」にあります。そのためなぜか心惹かれる「音楽」「詩」「エッセイ」に触れることで、秘められていた感性が表に現れ、「もう一人の自分」が目覚めます。

「呼吸」も大事です。呼吸は普段は意識されず、無意識で行われているものです。深い呼吸をすることでエネルギーの好循環が起き、「もう一人の自分」とつながりやすくなります。

また「白い風」にとって重要なことは、「居場所」があることです。居心地のいい場所があると、心が落ち着き、「もう一人の自分」との対話が始まります。ところが自分の居場所を見出せないと、自分の存在価値を見出せなくなりがちです。

職場でも家庭でも、もし居心地の悪さを感じることがあったら、その環境を見直すことも大切でしょう。

「青い鷲」

パワーコード　モチベーション　グローバルアイ

「青い鷲」の「もう一人の自分」が目覚めるために

冷静に人の心の動きを観察し、先見性を持ち、「本質」を見極めることができる力を持っています。

自分自身の「心の状態」が、自分の行動に大きく影響を及ぼします。そのため、いかにモチベーションをより高く保つかが課題ともいえるでしょう。クールに物事を見つめやすいためシビアになり、現実的になると、エネルギーが低下しかねません。

ですから「心の状態」を常に確認し、プラスの発想へ自分を誘導することです。モチベーションが上昇するに従い、「もう一人の自分」が的確でタイムリーな情報を伝えてくるでしょう。

具体的にはどんなことでも「面白さ」を見出し、面白がるという視点が大事です。「面白い」と思うことでアイデアが浮かび、明るく前向きになるからです。

注意したいのは「アウトロー」的な立場にならないことです。そうなると負の循環が始まり、とめどなくネガティブな方向へ行ってしまいます。すると「もう一人の自分」もサポートのしようがなくなってしまいます。

「心の声を聴く」というイメージが「もう一人の自分」との対話をスムーズにします。

「黄色い星」

パワーコード　シンフォニー　アートディレクター

「黄色い星」の「もう一人の自分」が目覚めるために

芸術的なセンスに恵まれています。自分が強く心惹かれる芸術作品に触れることで「もう一人の自分」のサポートが始まるでしょう。

できれば好きな画家、作家をもち、その作品に数多く触れることがお勧めです。さらには自らも「創造性」を発揮し、実際に作品づくりに挑戦することもいいでしょう。またどんな分野であっても、第一線で活躍する方々のエネルギーを直接会って浴びることも重要です。そこで感じるものは宝物となり、「もう一人の自分」が目覚める力となります。

仕事や人間関係においても、自分の関わるグループや法人が、シンフォニー（交響曲）を奏でられるように、調整・調和を心がけてみましょう。それぞれの持つ役割をいかに融合させ、素晴らしい音楽を提供するかという思いを持つのです。

それを果たすためには、時には泥くさく地道なコミュニケーションが必要になります。しかしどんなことにも「美」を見出し、調和やバランスを取っていくことで「もう一人の自分」がメッセージを送ってくるでしょう。

注意したいのは、自分に厳しくしても相手にはいつも寛容であること。寛容さを失い、相手を責めるような気持ちになると、「もう一人の自分」との対話は途切れてしまいます。

エピローグ

「石の時代」（地の時代）から「テレパシーの時代」（風の時代）へ

「新型コロナウイルス感染拡大」という地球規模で起こったパンデミックは、人々の暮らしを大きく変えました。

世界中が「ウイルス」という極小の存在に振り回され、最先端の医療をもってしても拡大を止めることができなかったのです。

その結果、私たちはそれまで築き上げてきたものの見直し、修正を余儀なくされることとなりました。

西洋占星術では、2020年の冬至のあたりから、約200年に一度のエネルギーの大転換が起こったといわれています。

これまでの「地の時代」が終わり、「風の時代」に入ったというのです。

普段は、西洋占星術とは無縁と思えるビジネス書にさえ、この言葉が頻繁に登場しています。

「地の時代」では物質、お金、成功、安定、所有といった要素が強かったのが、「風の時代」では個性、情報、体験、シェア、助け合いといった要素が濃くなるといいます。

また「地の時代」では目に見えるもの、物質的なものに重きを置かれていたのに対し、「風の時代」は目に見えるものから見えないものに価値が移り変わるというのです。

「風の時代」というひと言が、いまの時代を端的に、また的を射て表現しているからこそ、多くの人の注目を集めるという現象が起こったのでしょう。

「マヤの暦」の視点からすると、2012年12月に約5125年に及ぶ長期暦が終了し、新たな長期暦が始まったとされています。これをマヤでは「石の時代」から「テレパシーの時代」への転換という表現を用います。

つまり、ここでエネルギーの大転換が起こっているのです。

エネルギーの大きな変化が、具体的に目に見える形となったり、現象として現れるには一定時間が必要です。

「風の時代」とは、マヤで示されている「テレパシーの時代」が具体的な現象として現れたものではないかと私は見ています。

その意味では「テレパシーの時代」という表現は、「風の時代」の中心を射抜いたものとも考えることができます。

「もう一人の自分」が具体的に現れるタイミング

物事には必ず予兆があり、そして余韻があります。地球においても大自然がそのようなリズムで成り立っています。

たとえば「春分」と「秋分」は日照時間がほぼ同じです。しかし日本においては「春分」はまだ寒さが少し残り、逆に「秋分」は暑さが残っています。

自然界には余韻、そして予兆が色濃く残っていることがおわかりいただけると思います。

本書のプロローグで紹介した『悪魔を出し抜け！』が日本で出版されたのが2013年11月。『赤の書』は2010年6月。

これらの書籍の根底にあるのが「もう一人の自分」という存在でした。

私の個人的な考えですが、この2冊の書は、日本人が「もう一人の自分」の存在に気づく時代が本格的にやってくることの「予兆」だったように思うのです。

「テレパシーの時代」が本格的に始まった今、このタイミングで「もう一人の自分」という概念が登場してきたのは必然だと思えてなりません。

「テレパシーの時代」と「松果体」

古代の人間は「テレパシー」でやりとりができていたのではないかといわれます。

古代、人間の彫刻には「口」のない作品が数多く存在します。口はさほど重要な器官ではなかったのかもしれません。

また、古代ハワイは文字を持たない文化でした。本格的に文字が使われるようになったのは、1820年代ともいわれています。文字の起源が紀元前のシュメール人にさかのぼれることを考えれば、これは驚きの現象です。

文字を使わなくても、古代のハワイ人は口語+テレパシーで十分コミュニケーションが成り立っていたのではないでしょうか。

このテレパシーと密接な関係があるといわれているのが、第1章で登場した「松果体」です。古代人は松果体によってテレパシーを使っていたのでしょう。

本文でも述べたように、現代社会を生きる私たちの松果体は、かなりのスピードで石灰化が進んでいるといわれます。そうでなくても古代人と比べて松果体自体が小さくなっているといわれているのです。

これによって、元々人間がもって生まれてきた「無限の可能性」が妨げられ、フタをされるといった結果を招いていると私は思っています。

この松果体を活性化させ、「もう一人の自分」という存在を身近に感じることが、「テレパシーの時代」を生きる私たちの最も大切なテーマといえるでしょう。

多様性の波に乗る秘訣

時代の転換は、必ず価値観の転換を生み、それにより人々の人生の捉え方を変え、行動様式や日常までも変えてしまいます。

それを代表するものの1つが「東京2020オリンピック・パラリンピック」のテー

マの一つであった「多様性」への認知です。その象徴的なものが男性、女性という性別や障害者に対する認識でしょう。

これは、今まで「一つ」だと認識していた答えが、「ほかにもあり得る」ということを示しています。

「テレパシーの時代」は「本質に目が向く」時代だと思います。

「本質」とは「自然の摂理」であり、「宇宙のリズム」であり、人間においては「魂の本質」です。

それはまさしく「もう一人の自分」の姿でもあります。

私たちはそれぞれが「独自の魂の本質」をもっているのだとわかれば、大切なことは「違いを認め合い、自分勝手な概念にとらわれない」ことにほかなりません。

それこそが多様性の波に乗る秘訣でもあります。

「マヤ暦」と「ダイアリーメソッド」

マヤ暦を学ぶと「個の本質」が理解でき、それとともに「人との違い」が認識できるようになります。

さらに日々のダイアリー（日記）時間をつくり、自分と向き合うことで、「もう一人の自分」との対話が準備できます。

これを積み重ねることで「もう一人の自分」との連係関係を築くことが、誰でも可能となるのです。

すると今抱えている様々な問題が霧散し、想定もしなかった人生の新しい旅が始まるのです。

この書籍と縁をもたれたあなたの人生が、ご自分の想定を遥かに超えた豊かで喜び多い旅になりますように。

心からの感謝と願いを込めて

越川宗亮

付録1

ウェイブ・スペル（WS）の簡易表

ウェイブ・スペル（WS）の簡易表

ウェイブ・スペル	KINナンバー	ウェイブ・スペル	KINナンバー
赤い龍	1~13	青い猿	131~143
白い魔法使い	14~26	黄色い種	144~156
青い手	27~39	赤い地球	157~169
黄色い太陽	40~52	白い犬	170~182
赤い空歩く人	53~65	青い夜	183~195
白い世界の橋渡し	66~78	黄色い戦士	196~208
青い嵐	79~91	赤い月	209~221
黄色い人	92~104	白い風	222~234
赤い蛇	105~117	青い鷲	235~247
白い鏡	118~130	黄色い星	248~260

鏡の向こう

261 －自分の KIN ナンバー＝

※自分の KIN ナンバーと鏡の向こうの KIN ナンバーから右図で「ウエイブ・スペル」を出し、これらを中心に参照

付録2

西暦とマヤ暦の対照表

■1910・1962・2014年

	1月	2月	3月	4月	5月	6月	7月	8月	9月	10月	11月	12月
1	63	94	122	153	183	214	244	15	46	76	107	137
2	64	95	123	154	184	215	245	16	47	77	108	138
3	65	96	124	155	185	216	246	17	48	78	109	139
4	66	97	125	156	186	217	247	18	49	79	110	140
5	67	98	126	157	187	218	248	19	50	80	111	141
6	68	99	127	158	188	219	249	20	51	81	112	142
7	69	100	128	159	189	220	250	21	52	82	113	143
8	70	101	129	160	190	221	251	22	53	83	114	144
9	71	102	130	161	191	222	252	23	54	84	115	145
10	72	103	131	162	192	223	253	24	55	85	116	146
11	73	104	132	163	193	224	254	25	56	86	117	147
12	74	105	133	164	194	225	255	26	57	87	118	148
13	75	106	134	165	195	226	256	27	58	88	119	149
14	76	107	135	166	196	227	257	28	59	89	120	150
15	77	108	136	167	197	228	258	29	60	90	121	151
16	78	109	137	168	198	229	259	30	61	91	122	152
17	79	110	138	169	199	230	260	31	62	92	123	153
18	80	111	139	170	200	231	1	32	63	93	124	154
19	81	112	140	171	201	232	2	33	64	94	125	155
20	82	113	141	172	202	233	3	34	65	95	126	156
21	83	114	142	173	203	234	4	35	66	96	127	157
22	84	115	143	174	204	235	5	36	67	97	128	158
23	85	116	144	175	205	236	6	37	68	98	129	159
24	86	117	145	176	206	237	7	38	69	99	130	160
25	87	118	146	177	207	238	8	39	70	100	131	161
26	88	119	147	178	208	239	9	40	71	101	132	162
27	89	120	148	179	209	240	10	41	72	102	133	163
28	90	121	149	180	210	241	11	42	73	103	134	164
29	91		150	181	211	242	12	43	74	104	135	165
30	92		151	182	212	243	13	44	75	105	136	166
31	93		152		213		14	45		106		167

■1911・1963・2015年

	1月	2月	3月	4月	5月	6月	7月	8月	9月	10月	11月	12月
1	168	199	227	258	28	59	89	120	151	181	212	242
2	169	200	228	259	29	60	90	121	152	182	213	243
3	170	201	229	260	30	61	91	122	153	183	214	244
4	171	202	230	1	31	62	92	123	154	184	215	245
5	172	203	231	2	32	63	93	124	155	185	216	246
6	173	204	232	3	33	64	94	125	156	186	217	247
7	174	205	233	4	34	65	95	126	157	187	218	248
8	175	206	234	5	35	66	96	127	158	188	219	249
9	176	207	235	6	36	67	97	128	159	189	220	250
10	177	208	236	7	37	68	98	129	160	190	221	251
11	178	209	237	8	38	69	99	130	161	191	222	252
12	179	210	238	9	39	70	100	131	162	192	223	253
13	180	211	239	10	40	71	101	132	163	193	224	254
14	181	212	240	11	41	72	102	133	164	194	225	255
15	182	213	241	12	42	73	103	134	165	195	226	256
16	183	214	242	13	43	74	104	135	166	196	227	257
17	184	215	243	14	44	75	105	136	167	197	228	258
18	185	216	244	15	45	76	106	137	168	198	229	259
19	186	217	245	16	46	77	107	138	169	199	230	260
20	187	218	246	17	47	78	108	139	170	200	231	1
21	188	219	247	18	48	79	109	140	171	201	232	2
22	189	220	248	19	49	80	110	141	172	202	233	3
23	190	221	249	20	50	81	111	142	173	203	234	4
24	191	222	250	21	51	82	112	143	174	204	235	5
25	192	223	251	22	52	83	113	144	175	205	236	6
26	193	224	252	23	53	84	114	145	176	206	237	7
27	194	225	253	24	54	85	115	146	177	207	238	8
28	195	226	254	25	55	86	116	147	178	208	239	9
29	196		255	26	56	87	117	148	179	209	240	10
30	197		256	27	57	88	118	149	180	210	241	11
31	198		257		58		119	150		211		12

付録2　西暦とマヤ暦の対照表

■1912・1964・2016年

	1月	2月	3月	4月	5月	6月	7月	8月	9月	10月	11月	12月
1	13	44	73	103	133	164	194	225	256	26	57	87
2	14	45	74	104	134	165	195	226	257	27	58	88
3	15	46	75	105	135	166	196	227	258	28	59	89
4	16	47	76	106	136	167	197	228	259	29	60	90
5	17	48	77	107	137	168	198	229	260	30	61	91
6	18	49	78	108	138	169	199	230	1	31	62	92
7	19	50	79	109	139	170	200	231	2	32	63	93
8	20	51	80	110	140	171	201	232	3	33	64	94
9	21	52	81	111	141	172	202	233	4	34	65	95
10	22	53	82	112	142	173	203	234	5	35	66	96
11	23	54	83	113	143	174	204	235	6	36	67	97
12	24	55	84	114	144	175	205	236	7	37	68	98
13	25	56	85	115	145	176	206	237	8	38	69	99
14	26	57	86	116	146	177	207	238	9	39	70	100
15	27	58	87	117	147	178	208	239	10	40	71	101
16	28	59	88	118	148	179	209	240	11	41	72	102
17	29	60	89	119	149	180	210	241	12	42	73	103
18	30	61	90	120	150	181	211	242	13	43	74	104
19	31	62	91	121	151	182	212	243	14	44	75	105
20	32	63	92	122	152	183	213	244	15	45	76	106
21	33	64	93	123	153	184	214	245	16	46	77	107
22	34	65	94	124	154	185	215	246	17	47	78	108
23	35	66	95	125	155	186	216	247	18	48	79	109
24	36	67	96	126	156	187	217	248	19	49	80	110
25	37	68	97	127	157	188	218	249	20	50	81	111
26	38	69	98	128	158	189	219	250	21	51	82	112
27	39	70	99	129	159	190	220	251	22	52	83	113
28	40	71	100	130	160	191	221	252	23	53	84	114
29	41	72	101	131	161	192	222	253	24	54	85	115
30	42		102	132	162	193	223	254	25	55	86	116
31	43		103		163		224	255		56		117

■1913・1965・2017年

	1月	2月	3月	4月	5月	6月	7月	8月	9月	10月	11月	12月
1	118	149	177	208	238	9	39	70	101	131	162	192
2	119	150	178	209	239	10	40	71	102	132	163	193
3	120	151	179	210	240	11	41	72	103	133	164	194
4	121	152	180	211	241	12	42	73	104	134	165	195
5	122	153	181	212	242	13	43	74	105	135	166	196
6	123	154	182	213	243	14	44	75	106	136	167	197
7	124	155	183	214	244	15	45	76	107	137	168	198
8	125	156	184	215	245	16	46	77	108	138	169	199
9	126	157	185	216	246	17	47	78	109	139	170	200
10	127	158	186	217	247	18	48	79	110	140	171	201
11	128	159	187	218	248	19	49	80	111	141	172	202
12	129	160	188	219	249	20	50	81	112	142	173	203
13	130	161	189	220	250	21	51	82	113	143	174	204
14	131	162	190	221	251	22	52	83	114	144	175	205
15	132	163	191	222	252	23	53	84	115	145	176	206
16	133	164	192	223	253	24	54	85	116	146	177	207
17	134	165	193	224	254	25	55	86	117	147	178	208
18	135	166	194	225	255	26	56	87	118	148	179	209
19	136	167	195	226	256	27	57	88	119	149	180	210
20	137	168	196	227	257	28	58	89	120	150	181	211
21	138	169	197	228	258	29	59	90	121	151	182	212
22	139	170	198	229	259	30	60	91	122	152	183	213
23	140	171	199	230	260	31	61	92	123	153	184	214
24	141	172	200	231	1	32	62	93	124	154	185	215
25	142	173	201	232	2	33	63	94	125	155	186	216
26	143	174	202	233	3	34	64	95	126	156	187	217
27	144	175	203	234	4	35	65	96	127	157	188	218
28	145	176	204	235	5	36	66	97	128	158	189	219
29	146		205	236	6	37	67	98	129	159	190	220
30	147		206	237	7	38	68	99	130	160	191	221
31	148		207		8		69	100		161		222

■1914・1966・2018年

	1月	2月	3月	4月	5月	6月	7月	8月	9月	10月	11月	12月
1	223	254	22	53	83	114	144	175	206	236	7	37
2	224	255	23	54	84	115	145	176	207	237	8	38
3	225	256	24	55	85	116	146	177	208	238	9	39
4	226	257	25	56	86	117	147	178	209	239	10	40
5	227	258	26	57	87	118	148	179	210	240	11	41
6	228	259	27	58	88	119	149	180	211	241	12	42
7	229	260	28	59	89	120	150	181	212	242	13	43
8	230	1	29	60	90	121	151	182	213	243	14	44
9	231	2	30	61	91	122	152	183	214	244	15	45
10	232	3	31	62	92	123	153	184	215	245	16	46
11	233	4	32	63	93	124	154	185	216	246	17	47
12	234	5	33	64	94	125	155	186	217	247	18	48
13	235	6	34	65	95	126	156	187	218	248	19	49
14	236	7	35	66	96	127	157	188	219	249	20	50
15	237	8	36	67	97	128	158	189	220	250	21	51
16	238	9	37	68	98	129	159	190	221	251	22	52
17	239	10	38	69	99	130	160	191	222	252	23	53
18	240	11	39	70	100	131	161	192	223	253	24	54
19	241	12	40	71	101	132	162	193	224	254	25	55
20	242	13	41	72	102	133	163	194	225	255	26	56
21	243	14	42	73	103	134	164	195	226	256	27	57
22	244	15	43	74	104	135	165	196	227	257	28	58
23	245	16	44	75	105	136	166	197	228	258	29	59
24	246	17	45	76	106	137	167	198	229	259	30	60
25	247	18	46	77	107	138	168	199	230	260	31	61
26	248	19	47	78	108	139	169	200	231	1	32	62
27	249	20	48	79	109	140	170	201	232	2	33	63
28	250	21	49	80	110	141	171	202	233	3	34	64
29	251		50	81	111	142	172	203	234	4	35	65
30	252		51	82	112	143	173	204	235	5	36	66
31	253		52		113		174	205		6		67

■1915・1967・2019年

	1月	2月	3月	4月	5月	6月	7月	8月	9月	10月	11月	12月
1	68	99	127	158	188	219	249	20	51	81	112	142
2	69	100	128	159	189	220	250	21	52	82	113	143
3	70	101	129	160	190	221	251	22	53	83	114	144
4	71	102	130	161	191	222	252	23	54	84	115	145
5	72	103	131	162	192	223	253	24	55	85	116	146
6	73	104	132	163	193	224	254	25	56	86	117	147
7	74	105	133	164	194	225	255	26	57	87	118	148
8	75	106	134	165	195	226	256	27	58	88	119	149
9	76	107	135	166	196	227	257	28	59	89	120	150
10	77	108	136	167	197	228	258	29	60	90	121	151
11	78	109	137	168	198	229	259	30	61	91	122	152
12	79	110	138	169	199	230	260	31	62	92	123	153
13	80	111	139	170	200	231	1	32	63	93	124	154
14	81	112	140	171	201	232	2	33	64	94	125	155
15	82	113	141	172	202	233	3	34	65	95	126	156
16	83	114	142	173	203	234	4	35	66	96	127	157
17	84	115	143	174	204	235	5	36	67	97	128	158
18	85	116	144	175	205	236	6	37	68	98	129	159
19	86	117	145	176	206	237	7	38	69	99	130	160
20	87	118	146	177	207	238	8	39	70	100	131	161
21	88	119	147	178	208	239	9	40	71	101	132	162
22	89	120	148	179	209	240	10	41	72	102	133	163
23	90	121	149	180	210	241	11	42	73	103	134	164
24	91	122	150	181	211	242	12	43	74	104	135	165
25	92	123	151	182	212	243	13	44	75	105	136	166
26	93	124	152	183	213	244	14	45	76	106	137	167
27	94	125	153	184	214	245	15	46	77	107	138	168
28	95	126	154	185	215	246	16	47	78	108	139	169
29	96		155	186	216	247	17	48	79	109	140	170
30	97		156	187	217	248	18	49	80	110	141	171
31	98		157		218		19	50		111		172

■1916・1968・2020年

	1月	2月	3月	4月	5月	6月	7月	8月	9月	10月	11月	12月
1	173	204	233	3	33	64	94	125	156	186	217	247
2	174	205	234	4	34	65	95	126	157	187	218	248
3	175	206	235	5	35	66	96	127	158	188	219	249
4	176	207	236	6	36	67	97	128	159	189	220	250
5	177	208	237	7	37	68	98	129	160	190	221	251
6	178	209	238	8	38	69	99	130	161	191	222	252
7	179	210	239	9	39	70	100	131	162	192	223	253
8	180	211	240	10	40	71	101	132	163	193	224	254
9	181	212	241	11	41	72	102	133	164	194	225	255
10	182	213	242	12	42	73	103	134	165	195	226	256
11	183	214	243	13	43	74	104	135	166	196	227	257
12	184	215	244	14	44	75	105	136	167	197	228	258
13	185	216	245	15	45	76	106	137	168	198	229	259
14	186	217	246	16	46	77	107	138	169	199	230	260
15	187	218	247	17	47	78	108	139	170	200	231	1
16	188	219	248	18	48	79	109	140	171	201	232	2
17	189	220	249	19	49	80	110	141	172	202	233	3
18	190	221	250	20	50	81	111	142	173	203	234	4
19	191	222	251	21	51	82	112	143	174	204	235	5
20	192	223	252	22	52	83	113	144	175	205	236	6
21	193	224	253	23	53	84	114	145	176	206	237	7
22	194	225	254	24	54	85	115	146	177	207	238	8
23	195	226	255	25	55	86	116	147	178	208	239	9
24	196	227	256	26	56	87	117	148	179	209	240	10
25	197	228	257	27	57	88	118	149	180	210	241	11
26	198	229	258	28	58	89	119	150	181	211	242	12
27	199	230	259	29	59	90	120	151	182	212	243	13
28	200	231	260	30	60	91	121	152	183	213	244	14
29	201	232	1	31	61	92	122	153	184	214	245	15
30	202		2	32	62	93	123	154	185	215	246	16
31	203		3		63		124	155		216		17

■1917・1969・2021年

	1月	2月	3月	4月	5月	6月	7月	8月	9月	10月	11月	12月
1	18	49	77	108	138	169	199	230	1	31	62	92
2	19	50	78	109	139	170	200	231	2	32	63	93
3	20	51	79	110	140	171	201	232	3	33	64	94
4	21	52	80	111	141	172	202	233	4	34	65	95
5	22	53	81	112	142	173	203	234	5	35	66	96
6	23	54	82	113	143	174	204	235	6	36	67	97
7	24	55	83	114	144	175	205	236	7	37	68	98
8	25	56	84	115	145	176	206	237	8	38	69	99
9	26	57	85	116	146	177	207	238	9	39	70	100
10	27	58	86	117	147	178	208	239	10	40	71	101
11	28	59	87	118	148	179	209	240	11	41	72	102
12	29	60	88	119	149	180	210	241	12	42	73	103
13	30	61	89	120	150	181	211	242	13	43	74	104
14	31	62	90	121	151	182	212	243	14	44	75	105
15	32	63	91	122	152	183	213	244	15	45	76	106
16	33	64	92	123	153	184	214	245	16	46	77	107
17	34	65	93	124	154	185	215	246	17	47	78	108
18	35	66	94	125	155	186	216	247	18	48	79	109
19	36	67	95	126	156	187	217	248	19	49	80	110
20	37	68	96	127	157	188	218	249	20	50	81	111
21	38	69	97	128	158	189	219	250	21	51	82	112
22	39	70	98	129	159	190	220	251	22	52	83	113
23	40	71	99	130	160	191	221	252	23	53	84	114
24	41	72	100	131	161	192	222	253	24	54	85	115
25	42	73	101	132	162	193	223	254	25	55	86	116
26	43	74	102	133	163	194	224	255	26	56	87	117
27	44	75	103	134	164	195	225	256	27	57	88	118
28	45	76	104	135	165	196	226	257	28	58	89	119
29	46		105	136	166	197	227	258	29	59	90	120
30	47		106	137	167	198	228	259	30	60	91	121
31	48		107		168		229	260		61		122

■1918・1970・2022年

	1月	2月	3月	4月	5月	6月	7月	8月	9月	10月	11月	12月
1	123	154	182	213	243	14	44	75	106	136	167	197
2	124	155	183	214	244	15	45	76	107	137	168	198
3	125	156	184	215	245	16	46	77	108	138	169	199
4	126	157	185	216	246	17	47	78	109	139	170	200
5	127	158	186	217	247	18	48	79	110	140	171	201
6	128	159	187	218	248	19	49	80	111	141	172	202
7	129	160	188	219	249	20	50	81	112	142	173	203
8	130	161	189	220	250	21	51	82	113	143	174	204
9	131	162	190	221	251	22	52	83	114	144	175	205
10	132	163	191	222	252	23	53	84	115	145	176	206
11	133	164	192	223	253	24	54	85	116	146	177	207
12	134	165	193	224	254	25	55	86	117	147	178	208
13	135	166	194	225	255	26	56	87	118	148	179	209
14	136	167	195	226	256	27	57	88	119	149	180	210
15	137	168	196	227	257	28	58	89	120	150	181	211
16	138	169	197	228	258	29	59	90	121	151	182	212
17	139	170	198	229	259	30	60	91	122	152	183	213
18	140	171	199	230	260	31	61	92	123	153	184	214
19	141	172	200	231	1	32	62	93	124	154	185	215
20	142	173	201	232	2	33	63	94	125	155	186	216
21	143	174	202	233	3	34	64	95	126	156	187	217
22	144	175	203	234	4	35	65	96	127	157	188	218
23	145	176	204	235	5	36	66	97	128	158	189	219
24	146	177	205	236	6	37	67	98	129	159	190	220
25	147	178	206	237	7	38	68	99	130	160	191	221
26	148	179	207	238	8	39	69	100	131	161	192	222
27	149	180	208	239	9	40	70	101	132	162	193	223
28	150	181	209	240	10	41	71	102	133	163	194	224
29	151		210	241	11	42	72	103	134	164	195	225
30	152		211	242	12	43	73	104	135	165	196	226
31	153		212		13		74	105		166		227

■1919・1971・2023年

	1月	2月	3月	4月	5月	6月	7月	8月	9月	10月	11月	12月
1	228	259	27	58	88	119	149	180	211	241	12	42
2	229	260	28	59	89	120	150	181	212	242	13	43
3	230	1	29	60	90	121	151	182	213	243	14	44
4	231	2	30	61	91	122	152	183	214	244	15	45
5	232	3	31	62	92	123	153	184	215	245	16	46
6	233	4	32	63	93	124	154	185	216	246	17	47
7	234	5	33	64	94	125	155	186	217	247	18	48
8	235	6	34	65	95	126	156	187	218	248	19	49
9	236	7	35	66	96	127	157	188	219	249	20	50
10	237	8	36	67	97	128	158	189	220	250	21	51
11	238	9	37	68	98	129	159	190	221	251	22	52
12	239	10	38	69	99	130	160	191	222	252	23	53
13	240	11	39	70	100	131	161	192	223	253	24	54
14	241	12	40	71	101	132	162	193	224	254	25	55
15	242	13	41	72	102	133	163	194	225	255	26	56
16	243	14	42	73	103	134	164	195	226	256	27	57
17	244	15	43	74	104	135	165	196	227	257	28	58
18	245	16	44	75	105	136	166	197	228	258	29	59
19	246	17	45	76	106	137	167	198	229	259	30	60
20	247	18	46	77	107	138	168	199	230	260	31	61
21	248	19	47	78	108	139	169	200	231	1	32	62
22	249	20	48	79	109	140	170	201	232	2	33	63
23	250	21	49	80	110	141	171	202	233	3	34	64
24	251	22	50	81	111	142	172	203	234	4	35	65
25	252	23	51	82	112	143	173	204	235	5	36	66
26	253	24	52	83	113	144	174	205	236	6	37	67
27	254	25	53	84	114	145	175	206	237	7	38	68
28	255	26	54	85	115	146	176	207	238	8	39	69
29	256		55	86	116	147	177	208	239	9	40	70
30	257		56	87	117	148	178	209	240	10	41	71
31	258		57		118		179	210		11		72

■1920・1972・2024年

	1月	2月	3月	4月	5月	6月	7月	8月	9月	10月	11月	12月
1	73	104	133	163	193	224	254	25	56	86	117	147
2	74	105	134	164	194	225	255	26	57	87	118	148
3	75	106	135	165	195	226	256	27	58	88	119	149
4	76	107	136	166	196	227	257	28	59	89	120	150
5	77	108	137	167	197	228	258	29	60	90	121	151
6	78	109	138	168	198	229	259	30	61	91	122	152
7	79	110	139	169	199	230	260	31	62	92	123	153
8	80	111	140	170	200	231	1	32	63	93	124	154
9	81	112	141	171	201	232	2	33	64	94	125	155
10	82	113	142	172	202	233	3	34	65	95	126	156
11	83	114	143	173	203	234	4	35	66	96	127	157
12	84	115	144	174	204	235	5	36	67	97	128	158
13	85	116	145	175	205	236	6	37	68	98	129	159
14	86	117	146	176	206	237	7	38	69	99	130	160
15	87	118	147	177	207	238	8	39	70	100	131	161
16	88	119	148	178	208	239	9	40	71	101	132	162
17	89	120	149	179	209	240	10	41	72	102	133	163
18	90	121	150	180	210	241	11	42	73	103	134	164
19	91	122	151	181	211	242	12	43	74	104	135	165
20	92	123	152	182	212	243	13	44	75	105	136	166
21	93	124	153	183	213	244	14	45	76	106	137	167
22	94	125	154	184	214	245	15	46	77	107	138	168
23	95	126	155	185	215	246	16	47	78	108	139	169
24	96	127	156	186	216	247	17	48	79	109	140	170
25	97	128	157	187	217	248	18	49	80	110	141	171
26	98	129	158	188	218	249	19	50	81	111	142	172
27	99	130	159	189	219	250	20	51	82	112	143	173
28	100	131	160	190	220	251	21	52	83	113	144	174
29	101	132	161	191	221	252	22	53	84	114	145	175
30	102		162	192	222	253	23	54	85	115	146	176
31	103		163		223		24	55		116		177

■1921・1973・2025年

	1月	2月	3月	4月	5月	6月	7月	8月	9月	10月	11月	12月
1	178	209	237	8	38	69	99	130	161	191	222	252
2	179	210	238	9	39	70	100	131	162	192	223	253
3	180	211	239	10	40	71	101	132	163	193	224	254
4	181	212	240	11	41	72	102	133	164	194	225	255
5	182	213	241	12	42	73	103	134	165	195	226	256
6	183	214	242	13	43	74	104	135	166	196	227	257
7	184	215	243	14	44	75	105	136	167	197	228	258
8	185	216	244	15	45	76	106	137	168	198	229	259
9	186	217	245	16	46	77	107	138	169	199	230	260
10	187	218	246	17	47	78	108	139	170	200	231	1
11	188	219	247	18	48	79	109	140	171	201	232	2
12	189	220	248	19	49	80	110	141	172	202	233	3
13	190	221	249	20	50	81	111	142	173	203	234	4
14	191	222	250	21	51	82	112	143	174	204	235	5
15	192	223	251	22	52	83	113	144	175	205	236	6
16	193	224	252	23	53	84	114	145	176	206	237	7
17	194	225	253	24	54	85	115	146	177	207	238	8
18	195	226	254	25	55	86	116	147	178	208	239	9
19	196	227	255	26	56	87	117	148	179	209	240	10
20	197	228	256	27	57	88	118	149	180	210	241	11
21	198	229	257	28	58	89	119	150	181	211	242	12
22	199	230	258	29	59	90	120	151	182	212	243	13
23	200	231	259	30	60	91	121	152	183	213	244	14
24	201	232	260	31	61	92	122	153	184	214	245	15
25	202	233	1	32	62	93	123	154	185	215	246	16
26	203	234	2	33	63	94	124	155	186	216	247	17
27	204	235	3	34	64	95	125	156	187	217	248	18
28	205	236	4	35	65	96	126	157	188	218	249	19
29	206		5	36	66	97	127	158	189	219	250	20
30	207		6	37	67	98	128	159	190	220	251	21
31	208		7		68		129	160		221		22

■1922・1974・2026年

	1月	2月	3月	4月	5月	6月	7月	8月	9月	10月	11月	12月
1	23	54	82	113	143	174	204	235	6	36	67	97
2	24	55	83	114	144	175	205	236	7	37	68	98
3	25	56	84	115	145	176	206	237	8	38	69	99
4	26	57	85	116	146	177	207	238	9	39	70	100
5	27	58	86	117	147	178	208	239	10	40	71	101
6	28	59	87	118	148	179	209	240	11	41	72	102
7	29	60	88	119	149	180	210	241	12	42	73	103
8	30	61	89	120	150	181	211	242	13	43	74	104
9	31	62	90	121	151	182	212	243	14	44	75	105
10	32	63	91	122	152	183	213	244	15	45	76	106
11	33	64	92	123	153	184	214	245	16	46	77	107
12	34	65	93	124	154	185	215	246	17	47	78	108
13	35	66	94	125	155	186	216	247	18	48	79	109
14	36	67	95	126	156	187	217	248	19	49	80	110
15	37	68	96	127	157	188	218	249	20	50	81	111
16	38	69	97	128	158	189	219	250	21	51	82	112
17	39	70	98	129	159	190	220	251	22	52	83	113
18	40	71	99	130	160	191	221	252	23	53	84	114
19	41	72	100	131	161	192	222	253	24	54	85	115
20	42	73	101	132	162	193	223	254	25	55	86	116
21	43	74	102	133	163	194	224	255	26	56	87	117
22	44	75	103	134	164	195	225	256	27	57	88	118
23	45	76	104	135	165	196	226	257	28	58	89	119
24	46	77	105	136	166	197	227	258	29	59	90	120
25	47	78	106	137	167	198	228	259	30	60	91	121
26	48	79	107	138	168	199	229	260	31	61	92	122
27	49	80	108	139	169	200	230	1	32	62	93	123
28	50	81	109	140	170	201	231	2	33	63	94	124
29	51		110	141	171	202	232	3	34	64	95	125
30	52		111	142	172	203	233	4	35	65	96	126
31	53		112		173		234	5		66		127

■1923・1975・2027年

	1月	2月	3月	4月	5月	6月	7月	8月	9月	10月	11月	12月
1	128	159	187	218	248	19	49	80	111	141	172	202
2	129	160	188	219	249	20	50	81	112	142	173	203
3	130	161	189	220	250	21	51	82	113	143	174	204
4	131	162	190	221	251	22	52	83	114	144	175	205
5	132	163	191	222	252	23	53	84	115	145	176	206
6	133	164	192	223	253	24	54	85	116	146	177	207
7	134	165	193	224	254	25	55	86	117	147	178	208
8	135	166	194	225	255	26	56	87	118	148	179	209
9	136	167	195	226	256	27	57	88	119	149	180	210
10	137	168	196	227	257	28	58	89	120	150	181	211
11	138	169	197	228	258	29	59	90	121	151	182	212
12	139	170	198	229	259	30	60	91	122	152	183	213
13	140	171	199	230	260	31	61	92	123	153	184	214
14	141	172	200	231	1	32	62	93	124	154	185	215
15	142	173	201	232	2	33	63	94	125	155	186	216
16	143	174	202	233	3	34	64	95	126	156	187	217
17	144	175	203	234	4	35	65	96	127	157	188	218
18	145	176	204	235	5	36	66	97	128	158	189	219
19	146	177	205	236	6	37	67	98	129	159	190	220
20	147	178	206	237	7	38	68	99	130	160	191	221
21	148	179	207	238	8	39	69	100	131	161	192	222
22	149	180	208	239	9	40	70	101	132	162	193	223
23	150	181	209	240	10	41	71	102	133	163	194	224
24	151	182	210	241	11	42	72	103	134	164	195	225
25	152	183	211	242	12	43	73	104	135	165	196	226
26	153	184	212	243	13	44	74	105	136	166	197	227
27	154	185	213	244	14	45	75	106	137	167	198	228
28	155	186	214	245	15	46	76	107	138	168	199	229
29	156		215	246	16	47	77	108	139	169	200	230
30	157		216	247	17	48	78	109	140	170	201	231
31	158		217		18		79	110		171		232

■1924・1976・2028年

	1月	2月	3月	4月	5月	6月	7月	8月	9月	10月	11月	12月
1	233	4	33	63	93	124	154	185	216	246	17	47
2	234	5	34	64	94	125	155	186	217	247	18	48
3	235	6	35	65	95	126	156	187	218	248	19	49
4	236	7	36	66	96	127	157	188	219	249	20	50
5	237	8	37	67	97	128	158	189	220	250	21	51
6	238	9	38	68	98	129	159	190	221	251	22	52
7	239	10	39	69	99	130	160	191	222	252	23	53
8	240	11	40	70	100	131	161	192	223	253	24	54
9	241	12	41	71	101	132	162	193	224	254	25	55
10	242	13	42	72	102	133	163	194	225	255	26	56
11	243	14	43	73	103	134	164	195	226	256	27	57
12	244	15	44	74	104	135	165	196	227	257	28	58
13	245	16	45	75	105	136	166	197	228	258	29	59
14	246	17	46	76	106	137	167	198	229	259	30	60
15	247	18	47	77	107	138	168	199	230	260	31	61
16	248	19	48	78	108	139	169	200	231	1	32	62
17	249	20	49	79	109	140	170	201	232	2	33	63
18	250	21	50	80	110	141	171	202	233	3	34	64
19	251	22	51	81	111	142	172	203	234	4	35	65
20	252	23	52	82	112	143	173	204	235	5	36	66
21	253	24	53	83	113	144	174	205	236	6	37	67
22	254	25	54	84	114	145	175	206	237	7	38	68
23	255	26	55	85	115	146	176	207	238	8	39	69
24	256	27	56	86	116	147	177	208	239	9	40	70
25	257	28	57	87	117	148	178	209	240	10	41	71
26	258	29	58	88	118	149	179	210	241	11	42	72
27	259	30	59	89	119	150	180	211	242	12	43	73
28	260	31	60	90	120	151	181	212	243	13	44	74
29	1	32	61	91	121	152	182	213	244	14	45	75
30	2		62	92	122	153	183	214	245	15	46	76
31	3		63		123		184	215		16		77

■1925・1977・2029年

	1月	2月	3月	4月	5月	6月	7月	8月	9月	10月	11月	12月
1	78	109	137	168	198	229	259	30	61	91	122	152
2	79	110	138	169	199	230	260	31	62	92	123	153
3	80	111	139	170	200	231	1	32	63	93	124	154
4	81	112	140	171	201	232	2	33	64	94	125	155
5	82	113	141	172	202	233	3	34	65	95	126	156
6	83	114	142	173	203	234	4	35	66	96	127	157
7	84	115	143	174	204	235	5	36	67	97	128	158
8	85	116	144	175	205	236	6	37	68	98	129	159
9	86	117	145	176	206	237	7	38	69	99	130	160
10	87	118	146	177	207	238	8	39	70	100	131	161
11	88	119	147	178	208	239	9	40	71	101	132	162
12	89	120	148	179	209	240	10	41	72	102	133	163
13	90	121	149	180	210	241	11	42	73	103	134	164
14	91	122	150	181	211	242	12	43	74	104	135	165
15	92	123	151	182	212	243	13	44	75	105	136	166
16	93	124	152	183	213	244	14	45	76	106	137	167
17	94	125	153	184	214	245	15	46	77	107	138	168
18	95	126	154	185	215	246	16	47	78	108	139	169
19	96	127	155	186	216	247	17	48	79	109	140	170
20	97	128	156	187	217	248	18	49	80	110	141	171
21	98	129	157	188	218	249	19	50	81	111	142	172
22	99	130	158	189	219	250	20	51	82	112	143	173
23	100	131	159	190	220	251	21	52	83	113	144	174
24	101	132	160	191	221	252	22	53	84	114	145	175
25	102	133	161	192	222	253	23	54	85	115	146	176
26	103	134	162	193	223	254	24	55	86	116	147	177
27	104	135	163	194	224	255	25	56	87	117	148	178
28	105	136	164	195	225	256	26	57	88	118	149	179
29	106		165	196	226	257	27	58	89	119	150	180
30	107		166	197	227	258	28	59	90	120	151	181
31	108		167		228		29	60		121		182

■1926・1978・2030年

	1月	2月	3月	4月	5月	6月	7月	8月	9月	10月	11月	12月
1	183	214	242	13	43	74	104	135	166	196	227	257
2	184	215	243	14	44	75	105	136	167	197	228	258
3	185	216	244	15	45	76	106	137	168	198	229	259
4	186	217	245	16	46	77	107	138	169	199	230	260
5	187	218	246	17	47	78	108	139	170	200	231	1
6	188	219	247	18	48	79	109	140	171	201	232	2
7	189	220	248	19	49	80	110	141	172	202	233	3
8	190	221	249	20	50	81	111	142	173	203	234	4
9	191	222	250	21	51	82	112	143	174	204	235	5
10	192	223	251	22	52	83	113	144	175	205	236	6
11	193	224	252	23	53	84	114	145	176	206	237	7
12	194	225	253	24	54	85	115	146	177	207	238	8
13	195	226	254	25	55	86	116	147	178	208	239	9
14	196	227	255	26	56	87	117	148	179	209	240	10
15	197	228	256	27	57	88	118	149	180	210	241	11
16	198	229	257	28	58	89	119	150	181	211	242	12
17	199	230	258	29	59	90	120	151	182	212	243	13
18	200	231	259	30	60	91	121	152	183	213	244	14
19	201	232	260	31	61	92	122	153	184	214	245	15
20	202	233	1	32	62	93	123	154	185	215	246	16
21	203	234	2	33	63	94	124	155	186	216	247	17
22	204	235	3	34	64	95	125	156	187	217	248	18
23	205	236	4	35	65	96	126	157	188	218	249	19
24	206	237	5	36	66	97	127	158	189	219	250	20
25	207	238	6	37	67	98	128	159	190	220	251	21
26	208	239	7	38	68	99	129	160	191	221	252	22
27	209	240	8	39	69	100	130	161	192	222	253	23
28	210	241	9	40	70	101	131	162	193	223	254	24
29	211		10	41	71	102	132	163	194	224	255	25
30	212		11	42	72	103	133	164	195	225	256	26
31	213		12		73		134	165		226		27

■1927・1979・2031年

	1月	2月	3月	4月	5月	6月	7月	8月	9月	10月	11月	12月
1	28	59	87	118	148	179	209	240	11	41	72	102
2	29	60	88	119	149	180	210	241	12	42	73	103
3	30	61	89	120	150	181	211	242	13	43	74	104
4	31	62	90	121	151	182	212	243	14	44	75	105
5	32	63	91	122	152	183	213	244	15	45	76	106
6	33	64	92	123	153	184	214	245	16	46	77	107
7	34	65	93	124	154	185	215	246	17	47	78	108
8	35	66	94	125	155	186	216	247	18	48	79	109
9	36	67	95	126	156	187	217	248	19	49	80	110
10	37	68	96	127	157	188	218	249	20	50	81	111
11	38	69	97	128	158	189	219	250	21	51	82	112
12	39	70	98	129	159	190	220	251	22	52	83	113
13	40	71	99	130	160	191	221	252	23	53	84	114
14	41	72	100	131	161	192	222	253	24	54	85	115
15	42	73	101	132	162	193	223	254	25	55	86	116
16	43	74	102	133	163	194	224	255	26	56	87	117
17	44	75	103	134	164	195	225	256	27	57	88	118
18	45	76	104	135	165	196	226	257	28	58	89	119
19	46	77	105	136	166	197	227	258	29	59	90	120
20	47	78	106	137	167	198	228	259	30	60	91	121
21	48	79	107	138	168	199	229	260	31	61	92	122
22	49	80	108	139	169	200	230	1	32	62	93	123
23	50	81	109	140	170	201	231	2	33	63	94	124
24	51	82	110	141	171	202	232	3	34	64	95	125
25	52	83	111	142	172	203	233	4	35	65	96	126
26	53	84	112	143	173	204	234	5	36	66	97	127
27	54	85	113	144	174	205	235	6	37	67	98	128
28	55	86	114	145	175	206	236	7	38	68	99	129
29	56		115	146	176	207	237	8	39	69	100	130
30	57		116	147	177	208	238	9	40	70	101	131
31	58		117		178		239	10		71		132

■1928・1980・2032年

	1月	2月	3月	4月	5月	6月	7月	8月	9月	10月	11月	12月
1	133	164	193	223	253	24	54	85	116	146	177	207
2	134	165	194	224	254	25	55	86	117	147	178	208
3	135	166	195	225	255	26	56	87	118	148	179	209
4	136	167	196	226	256	27	57	88	119	149	180	210
5	137	168	197	227	257	28	58	89	120	150	181	211
6	138	169	198	228	258	29	59	90	121	151	182	212
7	139	170	199	229	259	30	60	91	122	152	183	213
8	140	171	200	230	260	31	61	92	123	153	184	214
9	141	172	201	231	1	32	62	93	124	154	185	215
10	142	173	202	232	2	33	63	94	125	155	186	216
11	143	174	203	233	3	34	64	95	126	156	187	217
12	144	175	204	234	4	35	65	96	127	157	188	218
13	145	176	205	235	5	36	66	97	128	158	189	219
14	146	177	206	236	6	37	67	98	129	159	190	220
15	147	178	207	237	7	38	68	99	130	160	191	221
16	148	179	208	238	8	39	69	100	131	161	192	222
17	149	180	209	239	9	40	70	101	132	162	193	223
18	150	181	210	240	10	41	71	102	133	163	194	224
19	151	182	211	241	11	42	72	103	134	164	195	225
20	152	183	212	242	12	43	73	104	135	165	196	226
21	153	184	213	243	13	44	74	105	136	166	197	227
22	154	185	214	244	14	45	75	106	137	167	198	228
23	155	186	215	245	15	46	76	107	138	168	199	229
24	156	187	216	246	16	47	77	108	139	169	200	230
25	157	188	217	247	17	48	78	109	140	170	201	231
26	158	189	218	248	18	49	79	110	141	171	202	232
27	159	190	219	249	19	50	80	111	142	172	203	233
28	160	191	220	250	20	51	81	112	143	173	204	234
29	161	192	221	251	21	52	82	113	144	174	205	235
30	162		222	252	22	53	83	114	145	175	206	236
31	163		223		23		84	115		176		237

■1929・1981・2033年

	1月	2月	3月	4月	5月	6月	7月	8月	9月	10月	11月	12月
1	238	9	37	68	98	129	159	190	221	251	22	52
2	239	10	38	69	99	130	160	191	222	252	23	53
3	240	11	39	70	100	131	161	192	223	253	24	54
4	241	12	40	71	101	132	162	193	224	254	25	55
5	242	13	41	72	102	133	163	194	225	255	26	56
6	243	14	42	73	103	134	164	195	226	256	27	57
7	244	15	43	74	104	135	165	196	227	257	28	58
8	245	16	44	75	105	136	166	197	228	258	29	59
9	246	17	45	76	106	137	167	198	229	259	30	60
10	247	18	46	77	107	138	168	199	230	260	31	61
11	248	19	47	78	108	139	169	200	231	1	32	62
12	249	20	48	79	109	140	170	201	232	2	33	63
13	250	21	49	80	110	141	171	202	233	3	34	64
14	251	22	50	81	111	142	172	203	234	4	35	65
15	252	23	51	82	112	143	173	204	235	5	36	66
16	253	24	52	83	113	144	174	205	236	6	37	67
17	254	25	53	84	114	145	175	206	237	7	38	68
18	255	26	54	85	115	146	176	207	238	8	39	69
19	256	27	55	86	116	147	177	208	239	9	40	70
20	257	28	56	87	117	148	178	209	240	10	41	71
21	258	29	57	88	118	149	179	210	241	11	42	72
22	259	30	58	89	119	150	180	211	242	12	43	73
23	260	31	59	90	120	151	181	212	243	13	44	74
24	1	32	60	91	121	152	182	213	244	14	45	75
25	2	33	61	92	122	153	183	214	245	15	46	76
26	3	34	62	93	123	154	184	215	246	16	47	77
27	4	35	63	94	124	155	185	216	247	17	48	78
28	5	36	64	95	125	156	186	217	248	18	49	79
29	6		65	96	126	157	187	218	249	19	50	80
30	7		66	97	127	158	188	219	250	20	51	81
31	8		67		128		189	220		21		82

■1930・1982・2034年

	1月	2月	3月	4月	5月	6月	7月	8月	9月	10月	11月	12月
1	83	114	142	173	203	234	4	35	66	96	127	157
2	84	115	143	174	204	235	5	36	67	97	128	158
3	85	116	144	175	205	236	6	37	68	98	129	159
4	86	117	145	176	206	237	7	38	69	99	130	160
5	87	118	146	177	207	238	8	39	70	100	131	161
6	88	119	147	178	208	239	9	40	71	101	132	162
7	89	120	148	179	209	240	10	41	72	102	133	163
8	90	121	149	180	210	241	11	42	73	103	134	164
9	91	122	150	181	211	242	12	43	74	104	135	165
10	92	123	151	182	212	243	13	44	75	105	136	166
11	93	124	152	183	213	244	14	45	76	106	137	167
12	94	125	153	184	214	245	15	46	77	107	138	168
13	95	126	154	185	215	246	16	47	78	108	139	169
14	96	127	155	186	216	247	17	48	79	109	140	170
15	97	128	156	187	217	248	18	49	80	110	141	171
16	98	129	157	188	218	249	19	50	81	111	142	172
17	99	130	158	189	219	250	20	51	82	112	143	173
18	100	131	159	190	220	251	21	52	83	113	144	174
19	101	132	160	191	221	252	22	53	84	114	145	175
20	102	133	161	192	222	253	23	54	85	115	146	176
21	103	134	162	193	223	254	24	55	86	116	147	177
22	104	135	163	194	224	255	25	56	87	117	148	178
23	105	136	164	195	225	256	26	57	88	118	149	179
24	106	137	165	196	226	257	27	58	89	119	150	180
25	107	138	166	197	227	258	28	59	90	120	151	181
26	108	139	167	198	228	259	29	60	91	121	152	182
27	109	140	168	199	229	260	30	61	92	122	153	183
28	110	141	169	200	230	1	31	62	93	123	154	184
29	111		170	201	231	2	32	63	94	124	155	185
30	112		171	202	232	3	33	64	95	125	156	186
31	113		172		233		34	65		126		187

■1931・1983・2035年

	1月	2月	3月	4月	5月	6月	7月	8月	9月	10月	11月	12月
1	188	219	247	18	48	79	109	140	171	201	232	2
2	189	220	248	19	49	80	110	141	172	202	233	3
3	190	221	249	20	50	81	111	142	173	203	234	4
4	191	222	250	21	51	82	112	143	174	204	235	5
5	192	223	251	22	52	83	113	144	175	205	236	6
6	193	224	252	23	53	84	114	145	176	206	237	7
7	194	225	253	24	54	85	115	146	177	207	238	8
8	195	226	254	25	55	86	116	147	178	208	239	9
9	196	227	255	26	56	87	117	148	179	209	240	10
10	197	228	256	27	57	88	118	149	180	210	241	11
11	198	229	257	28	58	89	119	150	181	211	242	12
12	199	230	258	29	59	90	120	151	182	212	243	13
13	200	231	259	30	60	91	121	152	183	213	244	14
14	201	232	260	31	61	92	122	153	184	214	245	15
15	202	233	1	32	62	93	123	154	185	215	246	16
16	203	234	2	33	63	94	124	155	186	216	247	17
17	204	235	3	34	64	95	125	156	187	217	248	18
18	205	236	4	35	65	96	126	157	188	218	249	19
19	206	237	5	36	66	97	127	158	189	219	250	20
20	207	238	6	37	67	98	128	159	190	220	251	21
21	208	239	7	38	68	99	129	160	191	221	252	22
22	209	240	8	39	69	100	130	161	192	222	253	23
23	210	241	9	40	70	101	131	162	193	223	254	24
24	211	242	10	41	71	102	132	163	194	224	255	25
25	212	243	11	42	72	103	133	164	195	225	256	26
26	213	244	12	43	73	104	134	165	196	226	257	27
27	214	245	13	44	74	105	135	166	197	227	258	28
28	215	246	14	45	75	106	136	167	198	228	259	29
29	216		15	46	76	107	137	168	199	229	260	30
30	217		16	47	77	108	138	169	200	230	1	31
31	218		17		78		139	170		231		32

■1932・1984・2036年

	1月	2月	3月	4月	5月	6月	7月	8月	9月	10月	11月	12月
1	33	64	93	123	153	184	214	245	16	46	77	107
2	34	65	94	124	154	185	215	246	17	47	78	108
3	35	66	95	125	155	186	216	247	18	48	79	109
4	36	67	96	126	156	187	217	248	19	49	80	110
5	37	68	97	127	157	188	218	249	20	50	81	111
6	38	69	98	128	158	189	219	250	21	51	82	112
7	39	70	99	129	159	190	220	251	22	52	83	113
8	40	71	100	130	160	191	221	252	23	53	84	114
9	41	72	101	131	161	192	222	253	24	54	85	115
10	42	73	102	132	162	193	223	254	25	55	86	116
11	43	74	103	133	163	194	224	255	26	56	87	117
12	44	75	104	134	164	195	225	256	27	57	88	118
13	45	76	105	135	165	196	226	257	28	58	89	119
14	46	77	106	136	166	197	227	258	29	59	90	120
15	47	78	107	137	167	198	228	259	30	60	91	121
16	48	79	108	138	168	199	229	260	31	61	92	122
17	49	80	109	139	169	200	230	1	32	62	93	123
18	50	81	110	140	170	201	231	2	33	63	94	124
19	51	82	111	141	171	202	232	3	34	64	95	125
20	52	83	112	142	172	203	233	4	35	65	96	126
21	53	84	113	143	173	204	234	5	36	66	97	127
22	54	85	114	144	174	205	235	6	37	67	98	128
23	55	86	115	145	175	206	236	7	38	68	99	129
24	56	87	116	146	176	207	237	8	39	69	100	130
25	57	88	117	147	177	208	238	9	40	70	101	131
26	58	89	118	148	178	209	239	10	41	71	102	132
27	59	90	119	149	179	210	240	11	42	72	103	133
28	60	91	120	150	180	211	241	12	43	73	104	134
29	61	92	121	151	181	212	242	13	44	74	105	135
30	62		122	152	182	213	243	14	45	75	106	136
31	63		123		183		244	15		76		137

■1933・1985・2037年

	1月	2月	3月	4月	5月	6月	7月	8月	9月	10月	11月	12月
1	138	169	197	228	258	29	59	90	121	151	182	212
2	139	170	198	229	259	30	60	91	122	152	183	213
3	140	171	199	230	260	31	61	92	123	153	184	214
4	141	172	200	231	1	32	62	93	124	154	185	215
5	142	173	201	232	2	33	63	94	125	155	186	216
6	143	174	202	233	3	34	64	95	126	156	187	217
7	144	175	203	234	4	35	65	96	127	157	188	218
8	145	176	204	235	5	36	66	97	128	158	189	219
9	146	177	205	236	6	37	67	98	129	159	190	220
10	147	178	206	237	7	38	68	99	130	160	191	221
11	148	179	207	238	8	39	69	100	131	161	192	222
12	149	180	208	239	9	40	70	101	132	162	193	223
13	150	181	209	240	10	41	71	102	133	163	194	224
14	151	182	210	241	11	42	72	103	134	164	195	225
15	152	183	211	242	12	43	73	104	135	165	196	226
16	153	184	212	243	13	44	74	105	136	166	197	227
17	154	185	213	244	14	45	75	106	137	167	198	228
18	155	186	214	245	15	46	76	107	138	168	199	229
19	156	187	215	246	16	47	77	108	139	169	200	230
20	157	188	216	247	17	48	78	109	140	170	201	231
21	158	189	217	248	18	49	79	110	141	171	202	232
22	159	190	218	249	19	50	80	111	142	172	203	233
23	160	191	219	250	20	51	81	112	143	173	204	234
24	161	192	220	251	21	52	82	113	144	174	205	235
25	162	193	221	252	22	53	83	114	145	175	206	236
26	163	194	222	253	23	54	84	115	146	176	207	237
27	164	195	223	254	24	55	85	116	147	177	208	238
28	165	196	224	255	25	56	86	117	148	178	209	239
29	166		225	256	26	57	87	118	149	179	210	240
30	167		226	257	27	58	88	119	150	180	211	241
31	168		227		28		89	120		181		242

■1934・1986・2038年

	1月	2月	3月	4月	5月	6月	7月	8月	9月	10月	11月	12月
1	243	14	42	73	103	134	164	195	226	256	27	57
2	244	15	43	74	104	135	165	196	227	257	28	58
3	245	16	44	75	105	136	166	197	228	258	29	59
4	246	17	45	76	106	137	167	198	229	259	30	60
5	247	18	46	77	107	138	168	199	230	260	31	61
6	248	19	47	78	108	139	169	200	231	1	32	62
7	249	20	48	79	109	140	170	201	232	2	33	63
8	250	21	49	80	110	141	171	202	233	3	34	64
9	251	22	50	81	111	142	172	203	234	4	35	65
10	252	23	51	82	112	143	173	204	235	5	36	66
11	253	24	52	83	113	144	174	205	236	6	37	67
12	254	25	53	84	114	145	175	206	237	7	38	68
13	255	26	54	85	115	146	176	207	238	8	39	69
14	256	27	55	86	116	147	177	208	239	9	40	70
15	257	28	56	87	117	148	178	209	240	10	41	71
16	258	29	57	88	118	149	179	210	241	11	42	72
17	259	30	58	89	119	150	180	211	242	12	43	73
18	260	31	59	90	120	151	181	212	243	13	44	74
19	1	32	60	91	121	152	182	213	244	14	45	75
20	2	33	61	92	122	153	183	214	245	15	46	76
21	3	34	62	93	123	154	184	215	246	16	47	77
22	4	35	63	94	124	155	185	216	247	17	48	78
23	5	36	64	95	125	156	186	217	248	18	49	79
24	6	37	65	96	126	157	187	218	249	19	50	80
25	7	38	66	97	127	158	188	219	250	20	51	81
26	8	39	67	98	128	159	189	220	251	21	52	82
27	9	40	68	99	129	160	190	221	252	22	53	83
28	10	41	69	100	130	161	191	222	253	23	54	84
29	11		70	101	131	162	192	223	254	24	55	85
30	12		71	102	132	163	193	224	255	25	56	86
31	13		72		133		194	225		26		87

■1935・1987・2039年

	1月	2月	3月	4月	5月	6月	7月	8月	9月	10月	11月	12月
1	88	119	147	178	208	239	9	40	71	101	132	162
2	89	120	148	179	209	240	10	41	72	102	133	163
3	90	121	149	180	210	241	11	42	73	103	134	164
4	91	122	150	181	211	242	12	43	74	104	135	165
5	92	123	151	182	212	243	13	44	75	105	136	166
6	93	124	152	183	213	244	14	45	76	106	137	167
7	94	125	153	184	214	245	15	46	77	107	138	168
8	95	126	154	185	215	246	16	47	78	108	139	169
9	96	127	155	186	216	247	17	48	79	109	140	170
10	97	128	156	187	217	248	18	49	80	110	141	171
11	98	129	157	188	218	249	19	50	81	111	142	172
12	99	130	158	189	219	250	20	51	82	112	143	173
13	100	131	159	190	220	251	21	52	83	113	144	174
14	101	132	160	191	221	252	22	53	84	114	145	175
15	102	133	161	192	222	253	23	54	85	115	146	176
16	103	134	162	193	223	254	24	55	86	116	147	177
17	104	135	163	194	224	255	25	56	87	117	148	178
18	105	136	164	195	225	256	26	57	88	118	149	179
19	106	137	165	196	226	257	27	58	89	119	150	180
20	107	138	166	197	227	258	28	59	90	120	151	181
21	108	139	167	198	228	259	29	60	91	121	152	182
22	109	140	168	199	229	260	30	61	92	122	153	183
23	110	141	169	200	230	1	31	62	93	123	154	184
24	111	142	170	201	231	2	32	63	94	124	155	185
25	112	143	171	202	232	3	33	64	95	125	156	186
26	113	144	172	203	233	4	34	65	96	126	157	187
27	114	145	173	204	234	5	35	66	97	127	158	188
28	115	146	174	205	235	6	36	67	98	128	159	189
29	116		175	206	236	7	37	68	99	129	160	190
30	117		176	207	237	8	38	69	100	130	161	191
31	118		177		238		39	70		131		192

付録2　西暦とマヤ暦の対照表

■1936・1988・2040年

	1月	2月	3月	4月	5月	6月	7月	8月	9月	10月	11月	12月
1	193	224	253	23	53	84	114	145	176	206	237	7
2	194	225	254	24	54	85	115	146	177	207	238	8
3	195	226	255	25	55	86	116	147	178	208	239	9
4	196	227	256	26	56	87	117	148	179	209	240	10
5	197	228	257	27	57	88	118	149	180	210	241	11
6	198	229	258	28	58	89	119	150	181	211	242	12
7	199	230	259	29	59	90	120	151	182	212	243	13
8	200	231	260	30	60	91	121	152	183	213	244	14
9	201	232	1	31	61	92	122	153	184	214	245	15
10	202	233	2	32	62	93	123	154	185	215	246	16
11	203	234	3	33	63	94	124	155	186	216	247	17
12	204	235	4	34	64	95	125	156	187	217	248	18
13	205	236	5	35	65	96	126	157	188	218	249	19
14	206	237	6	36	66	97	127	158	189	219	250	20
15	207	238	7	37	67	98	128	159	190	220	251	21
16	208	239	8	38	68	99	129	160	191	221	252	22
17	209	240	9	39	69	100	130	161	192	222	253	23
18	210	241	10	40	70	101	131	162	193	223	254	24
19	211	242	11	41	71	102	132	163	194	224	255	25
20	212	243	12	42	72	103	133	164	195	225	256	26
21	213	244	13	43	73	104	134	165	196	226	257	27
22	214	245	14	44	74	105	135	166	197	227	258	28
23	215	246	15	45	75	106	136	167	198	228	259	29
24	216	247	16	46	76	107	137	168	199	229	260	30
25	217	248	17	47	77	108	138	169	200	230	1	31
26	218	249	18	48	78	109	139	170	201	231	2	32
27	219	250	19	49	79	110	140	171	202	232	3	33
28	220	251	20	50	80	111	141	172	203	233	4	34
29	221	252	21	51	81	112	142	173	204	234	5	35
30	222		22	52	82	113	143	174	205	235	6	36
31	223		23		83		144	175		236		37

■1937・1989・2041年

	1月	2月	3月	4月	5月	6月	7月	8月	9月	10月	11月	12月
1	38	69	97	128	158	189	219	250	21	51	82	112
2	39	70	98	129	159	190	220	251	22	52	83	113
3	40	71	99	130	160	191	221	252	23	53	84	114
4	41	72	100	131	161	192	222	253	24	54	85	115
5	42	73	101	132	162	193	223	254	25	55	86	116
6	43	74	102	133	163	194	224	255	26	56	87	117
7	44	75	103	134	164	195	225	256	27	57	88	118
8	45	76	104	135	165	196	226	257	28	58	89	119
9	46	77	105	136	166	197	227	258	29	59	90	120
10	47	78	106	137	167	198	228	259	30	60	91	121
11	48	79	107	138	168	199	229	260	31	61	92	122
12	49	80	108	139	169	200	230	1	32	62	93	123
13	50	81	109	140	170	201	231	2	33	63	94	124
14	51	82	110	141	171	202	232	3	34	64	95	125
15	52	83	111	142	172	203	233	4	35	65	96	126
16	53	84	112	143	173	204	234	5	36	66	97	127
17	54	85	113	144	174	205	235	6	37	67	98	128
18	55	86	114	145	175	206	236	7	38	68	99	129
19	56	87	115	146	176	207	237	8	39	69	100	130
20	57	88	116	147	177	208	238	9	40	70	101	131
21	58	89	117	148	178	209	239	10	41	71	102	132
22	59	90	118	149	179	210	240	11	42	72	103	133
23	60	91	119	150	180	211	241	12	43	73	104	134
24	61	92	120	151	181	212	242	13	44	74	105	135
25	62	93	121	152	182	213	243	14	45	75	106	136
26	63	94	122	153	183	214	244	15	46	76	107	137
27	64	95	123	154	184	215	245	16	47	77	108	138
28	65	96	124	155	185	216	246	17	48	78	109	139
29	66		125	156	186	217	247	18	49	79	110	140
30	67		126	157	187	218	248	19	50	80	111	141
31	68		127		188		249	20		81		142

■1938・1990・2042年

	1月	2月	3月	4月	5月	6月	7月	8月	9月	10月	11月	12月
1	143	174	202	233	3	34	64	95	126	156	187	217
2	144	175	203	234	4	35	65	96	127	157	188	218
3	145	176	204	235	5	36	66	97	128	158	189	219
4	146	177	205	236	6	37	67	98	129	159	190	220
5	147	178	206	237	7	38	68	99	130	160	191	221
6	148	179	207	238	8	39	69	100	131	161	192	222
7	149	180	208	239	9	40	70	101	132	162	193	223
8	150	181	209	240	10	41	71	102	133	163	194	224
9	151	182	210	241	11	42	72	103	134	164	195	225
10	152	183	211	242	12	43	73	104	135	165	196	226
11	153	184	212	243	13	44	74	105	136	166	197	227
12	154	185	213	244	14	45	75	106	137	167	198	228
13	155	186	214	245	15	46	76	107	138	168	199	229
14	156	187	215	246	16	47	77	108	139	169	200	230
15	157	188	216	247	17	48	78	109	140	170	201	231
16	158	189	217	248	18	49	79	110	141	171	202	232
17	159	190	218	249	19	50	80	111	142	172	203	233
18	160	191	219	250	20	51	81	112	143	173	204	234
19	161	192	220	251	21	52	82	113	144	174	205	235
20	162	193	221	252	22	53	83	114	145	175	206	236
21	163	194	222	253	23	54	84	115	146	176	207	237
22	164	195	223	254	24	55	85	116	147	177	208	238
23	165	196	224	255	25	56	86	117	148	178	209	239
24	166	197	225	256	26	57	87	118	149	179	210	240
25	167	198	226	257	27	58	88	119	150	180	211	241
26	168	199	227	258	28	59	89	120	151	181	212	242
27	169	200	228	259	29	60	90	121	152	182	213	243
28	170	201	229	260	30	61	91	122	153	183	214	244
29	171		230	1	31	62	92	123	154	184	215	245
30	172		231	2	32	63	93	124	155	185	216	246
31	173		232		33		94	125		186		247

■1939・1991・2043年

	1月	2月	3月	4月	5月	6月	7月	8月	9月	10月	11月	12月
1	248	19	47	78	108	139	169	200	231	1	32	62
2	249	20	48	79	109	140	170	201	232	2	33	63
3	250	21	49	80	110	141	171	202	233	3	34	64
4	251	22	50	81	111	142	172	203	234	4	35	65
5	252	23	51	82	112	143	173	204	235	5	36	66
6	253	24	52	83	113	144	174	205	236	6	37	67
7	254	25	53	84	114	145	175	206	237	7	38	68
8	255	26	54	85	115	146	176	207	238	8	39	69
9	256	27	55	86	116	147	177	208	239	9	40	70
10	257	28	56	87	117	148	178	209	240	10	41	71
11	258	29	57	88	118	149	179	210	241	11	42	72
12	259	30	58	89	119	150	180	211	242	12	43	73
13	260	31	59	90	120	151	181	212	243	13	44	74
14	1	32	60	91	121	152	182	213	244	14	45	75
15	2	33	61	92	122	153	183	214	245	15	46	76
16	3	34	62	93	123	154	184	215	246	16	47	77
17	4	35	63	94	124	155	185	216	247	17	48	78
18	5	36	64	95	125	156	186	217	248	18	49	79
19	6	37	65	96	126	157	187	218	249	19	50	80
20	7	38	66	97	127	158	188	219	250	20	51	81
21	8	39	67	98	128	159	189	220	251	21	52	82
22	9	40	68	99	129	160	190	221	252	22	53	83
23	10	41	69	100	130	161	191	222	253	23	54	84
24	11	42	70	101	131	162	192	223	254	24	55	85
25	12	43	71	102	132	163	193	224	255	25	56	86
26	13	44	72	103	133	164	194	225	256	26	57	87
27	14	45	73	104	134	165	195	226	257	27	58	88
28	15	46	74	105	135	166	196	227	258	28	59	89
29	16		75	106	136	167	197	228	259	29	60	90
30	17		76	107	137	168	198	229	260	30	61	91
31	18		77		138		199	230		31		92

付録2　西暦とマヤ暦の対照表

■1940・1992・2044年

	1月	2月	3月	4月	5月	6月	7月	8月	9月	10月	11月	12月
1	93	124	153	183	213	244	14	45	76	106	137	167
2	94	125	154	184	214	245	15	46	77	107	138	168
3	95	126	155	185	215	246	16	47	78	108	139	169
4	96	127	156	186	216	247	17	48	79	109	140	170
5	97	128	157	187	217	248	18	49	80	110	141	171
6	98	129	158	188	218	249	19	50	81	111	142	172
7	99	130	159	189	219	250	20	51	82	112	143	173
8	100	131	160	190	220	251	21	52	83	113	144	174
9	101	132	161	191	221	252	22	53	84	114	145	175
10	102	133	162	192	222	253	23	54	85	115	146	176
11	103	134	163	193	223	254	24	55	86	116	147	177
12	104	135	164	194	224	255	25	56	87	117	148	178
13	105	136	165	195	225	256	26	57	88	118	149	179
14	106	137	166	196	226	257	27	58	89	119	150	180
15	107	138	167	197	227	258	28	59	90	120	151	181
16	108	139	168	198	228	259	29	60	91	121	152	182
17	109	140	169	199	229	260	30	61	92	122	153	183
18	110	141	170	200	230	1	31	62	93	123	154	184
19	111	142	171	201	231	2	32	63	94	124	155	185
20	112	143	172	202	232	3	33	64	95	125	156	186
21	113	144	173	203	233	4	34	65	96	126	157	187
22	114	145	174	204	234	5	35	66	97	127	158	188
23	115	146	175	205	235	6	36	67	98	128	159	189
24	116	147	176	206	236	7	37	68	99	129	160	190
25	117	148	177	207	237	8	38	69	100	130	161	191
26	118	149	178	208	238	9	39	70	101	131	162	192
27	119	150	179	209	239	10	40	71	102	132	163	193
28	120	151	180	210	240	11	41	72	103	133	164	194
29	121	152	181	211	241	12	42	73	104	134	165	195
30	122		182	212	242	13	43	74	105	135	166	196
31	123		183		243		44	75		136		197

■1941・1993・2045年

	1月	2月	3月	4月	5月	6月	7月	8月	9月	10月	11月	12月
1	198	229	257	28	58	89	119	150	181	211	242	12
2	199	230	258	29	59	90	120	151	182	212	243	13
3	200	231	259	30	60	91	121	152	183	213	244	14
4	201	232	260	31	61	92	122	153	184	214	245	15
5	202	233	1	32	62	93	123	154	185	215	246	16
6	203	234	2	33	63	94	124	155	186	216	247	17
7	204	235	3	34	64	95	125	156	187	217	248	18
8	205	236	4	35	65	96	126	157	188	218	249	19
9	206	237	5	36	66	97	127	158	189	219	250	20
10	207	238	6	37	67	98	128	159	190	220	251	21
11	208	239	7	38	68	99	129	160	191	221	252	22
12	209	240	8	39	69	100	130	161	192	222	253	23
13	210	241	9	40	70	101	131	162	193	223	254	24
14	211	242	10	41	71	102	132	163	194	224	255	25
15	212	243	11	42	72	103	133	164	195	225	256	26
16	213	244	12	43	73	104	134	165	196	226	257	27
17	214	245	13	44	74	105	135	166	197	227	258	28
18	215	246	14	45	75	106	136	167	198	228	259	29
19	216	247	15	46	76	107	137	168	199	229	260	30
20	217	248	16	47	77	108	138	169	200	230	1	31
21	218	249	17	48	78	109	139	170	201	231	2	32
22	219	250	18	49	79	110	140	171	202	232	3	33
23	220	251	19	50	80	111	141	172	203	233	4	34
24	221	252	20	51	81	112	142	173	204	234	5	35
25	222	253	21	52	82	113	143	174	205	235	6	36
26	223	254	22	53	83	114	144	175	206	236	7	37
27	224	255	23	54	84	115	145	176	207	237	8	38
28	225	256	24	55	85	116	146	177	208	238	9	39
29	226		25	56	86	117	147	178	209	239	10	40
30	227		26	57	87	118	148	179	210	240	11	41
31	228		27		88		149	180		241		42

■1942・1994・2046年

	1月	2月	3月	4月	5月	6月	7月	8月	9月	10月	11月	12月
1	43	74	102	133	163	194	224	255	26	56	87	117
2	44	75	103	134	164	195	225	256	27	57	88	118
3	45	76	104	135	165	196	226	257	28	58	89	119
4	46	77	105	136	166	197	227	258	29	59	90	120
5	47	78	106	137	167	198	228	259	30	60	91	121
6	48	79	107	138	168	199	229	260	31	61	92	122
7	49	80	108	139	169	200	230	1	32	62	93	123
8	50	81	109	140	170	201	231	2	33	63	94	124
9	51	82	110	141	171	202	232	3	34	64	95	125
10	52	83	111	142	172	203	233	4	35	65	96	126
11	53	84	112	143	173	204	234	5	36	66	97	127
12	54	85	113	144	174	205	235	6	37	67	98	128
13	55	86	114	145	175	206	236	7	38	68	99	129
14	56	87	115	146	176	207	237	8	39	69	100	130
15	57	88	116	147	177	208	238	9	40	70	101	131
16	58	89	117	148	178	209	239	10	41	71	102	132
17	59	90	118	149	179	210	240	11	42	72	103	133
18	60	91	119	150	180	211	241	12	43	73	104	134
19	61	92	120	151	181	212	242	13	44	74	105	135
20	62	93	121	152	182	213	243	14	45	75	106	136
21	63	94	122	153	183	214	244	15	46	76	107	137
22	64	95	123	154	184	215	245	16	47	77	108	138
23	65	96	124	155	185	216	246	17	48	78	109	139
24	66	97	125	156	186	217	247	18	49	79	110	140
25	67	98	126	157	187	218	248	19	50	80	111	141
26	68	99	127	158	188	219	249	20	51	81	112	142
27	69	100	128	159	189	220	250	21	52	82	113	143
28	70	101	129	160	190	221	251	22	53	83	114	144
29	71		130	161	191	222	252	23	54	84	115	145
30	72		131	162	192	223	253	24	55	85	116	146
31	73		132		193		254	25		86		147

■1943・1995・2047年

	1月	2月	3月	4月	5月	6月	7月	8月	9月	10月	11月	12月
1	148	179	207	238	8	39	69	100	131	161	192	222
2	149	180	208	239	9	40	70	101	132	162	193	223
3	150	181	209	240	10	41	71	102	133	163	194	224
4	151	182	210	241	11	42	72	103	134	164	195	225
5	152	183	211	242	12	43	73	104	135	165	196	226
6	153	184	212	243	13	44	74	105	136	166	197	227
7	154	185	213	244	14	45	75	106	137	167	198	228
8	155	186	214	245	15	46	76	107	138	168	199	229
9	156	187	215	246	16	47	77	108	139	169	200	230
10	157	188	216	247	17	48	78	109	140	170	201	231
11	158	189	217	248	18	49	79	110	141	171	202	232
12	159	190	218	249	19	50	80	111	142	172	203	233
13	160	191	219	250	20	51	81	112	143	173	204	234
14	161	192	220	251	21	52	82	113	144	174	205	235
15	162	193	221	252	22	53	83	114	145	175	206	236
16	163	194	222	253	23	54	84	115	146	176	207	237
17	164	195	223	254	24	55	85	116	147	177	208	238
18	165	196	224	255	25	56	86	117	148	178	209	239
19	166	197	225	256	26	57	87	118	149	179	210	240
20	167	198	226	257	27	58	88	119	150	180	211	241
21	168	199	227	258	28	59	89	120	151	181	212	242
22	169	200	228	259	29	60	90	121	152	182	213	243
23	170	201	229	260	30	61	91	122	153	183	214	244
24	171	202	230	1	31	62	92	123	154	184	215	245
25	172	203	231	2	32	63	93	124	155	185	216	246
26	173	204	232	3	33	64	94	125	156	186	217	247
27	174	205	233	4	34	65	95	126	157	187	218	248
28	175	206	234	5	35	66	96	127	158	188	219	249
29	176		235	6	36	67	97	128	159	189	220	250
30	177		236	7	37	68	98	129	160	190	221	251
31	178		237		38		99	130		191		252

■1944・1996・2048年

	1月	2月	3月	4月	5月	6月	7月	8月	9月	10月	11月	12月
1	253	24	53	83	113	144	174	205	236	6	37	67
2	254	25	54	84	114	145	175	206	237	7	38	68
3	255	26	55	85	115	146	176	207	238	8	39	69
4	256	27	56	86	116	147	177	208	239	9	40	70
5	257	28	57	87	117	148	178	209	240	10	41	71
6	258	29	58	88	118	149	179	210	241	11	42	72
7	259	30	59	89	119	150	180	211	242	12	43	73
8	260	31	60	90	120	151	181	212	243	13	44	74
9	1	32	61	91	121	152	182	213	244	14	45	75
10	2	33	62	92	122	153	183	214	245	15	46	76
11	3	34	63	93	123	154	184	215	246	16	47	77
12	4	35	64	94	124	155	185	216	247	17	48	78
13	5	36	65	95	125	156	186	217	248	18	49	79
14	6	37	66	96	126	157	187	218	249	19	50	80
15	7	38	67	97	127	158	188	219	250	20	51	81
16	8	39	68	98	128	159	189	220	251	21	52	82
17	9	40	69	99	129	160	190	221	252	22	53	83
18	10	41	70	100	130	161	191	222	253	23	54	84
19	11	42	71	101	131	162	192	223	254	24	55	85
20	12	43	72	102	132	163	193	224	255	25	56	86
21	13	44	73	103	133	164	194	225	256	26	57	87
22	14	45	74	104	134	165	195	226	257	27	58	88
23	15	46	75	105	135	166	196	227	258	28	59	89
24	16	47	76	106	136	167	197	228	259	29	60	90
25	17	48	77	107	137	168	198	229	260	30	61	91
26	18	49	78	108	138	169	199	230	1	31	62	92
27	19	50	79	109	139	170	200	231	2	32	63	93
28	20	51	80	110	140	171	201	232	3	33	64	94
29	21	52	81	111	141	172	202	233	4	34	65	95
30	22		82	112	142	173	203	234	5	35	66	96
31	23		83		143		204	235		36		97

■1945・1997・2049年

	1月	2月	3月	4月	5月	6月	7月	8月	9月	10月	11月	12月
1	98	129	157	188	218	249	19	50	81	111	142	172
2	99	130	158	189	219	250	20	51	82	112	143	173
3	100	131	159	190	220	251	21	52	83	113	144	174
4	101	132	160	191	221	252	22	53	84	114	145	175
5	102	133	161	192	222	253	23	54	85	115	146	176
6	103	134	162	193	223	254	24	55	86	116	147	177
7	104	135	163	194	224	255	25	56	87	117	148	178
8	105	136	164	195	225	256	26	57	88	118	149	179
9	106	137	165	196	226	257	27	58	89	119	150	180
10	107	138	166	197	227	258	28	59	90	120	151	181
11	108	139	167	198	228	259	29	60	91	121	152	182
12	109	140	168	199	229	260	30	61	92	122	153	183
13	110	141	169	200	230	1	31	62	93	123	154	184
14	111	142	170	201	231	2	32	63	94	124	155	185
15	112	143	171	202	232	3	33	64	95	125	156	186
16	113	144	172	203	233	4	34	65	96	126	157	187
17	114	145	173	204	234	5	35	66	97	127	158	188
18	115	146	174	205	235	6	36	67	98	128	159	189
19	116	147	175	206	236	7	37	68	99	129	160	190
20	117	148	176	207	237	8	38	69	100	130	161	191
21	118	149	177	208	238	9	39	70	101	131	162	192
22	119	150	178	209	239	10	40	71	102	132	163	193
23	120	151	179	210	240	11	41	72	103	133	164	194
24	121	152	180	211	241	12	42	73	104	134	165	195
25	122	153	181	212	242	13	43	74	105	135	166	196
26	123	154	182	213	243	14	44	75	106	136	167	197
27	124	155	183	214	244	15	45	76	107	137	168	198
28	125	156	184	215	245	16	46	77	108	138	169	199
29	126		185	216	246	17	47	78	109	139	170	200
30	127		186	217	247	18	48	79	110	140	171	201
31	128		187		248		49	80		141		202

■1946・1998・2050年

	1月	2月	3月	4月	5月	6月	7月	8月	9月	10月	11月	12月
1	203	234	2	33	63	94	124	155	186	216	247	17
2	204	235	3	34	64	95	125	156	187	217	248	18
3	205	236	4	35	65	96	126	157	188	218	249	19
4	206	237	5	36	66	97	127	158	189	219	250	20
5	207	238	6	37	67	98	128	159	190	220	251	21
6	208	239	7	38	68	99	129	160	191	221	252	22
7	209	240	8	39	69	100	130	161	192	222	253	23
8	210	241	9	40	70	101	131	162	193	223	254	24
9	211	242	10	41	71	102	132	163	194	224	255	25
10	212	243	11	42	72	103	133	164	195	225	256	26
11	213	244	12	43	73	104	134	165	196	226	257	27
12	214	245	13	44	74	105	135	166	197	227	258	28
13	215	246	14	45	75	106	136	167	198	228	259	29
14	216	247	15	46	76	107	137	168	199	229	260	30
15	217	248	16	47	77	108	138	169	200	230	1	31
16	218	249	17	48	78	109	139	170	201	231	2	32
17	219	250	18	49	79	110	140	171	202	232	3	33
18	220	251	19	50	80	111	141	172	203	233	4	34
19	221	252	20	51	81	112	142	173	204	234	5	35
20	222	253	21	52	82	113	143	174	205	235	6	36
21	223	254	22	53	83	114	144	175	206	236	7	37
22	224	255	23	54	84	115	145	176	207	237	8	38
23	225	256	24	55	85	116	146	177	208	238	9	39
24	226	257	25	56	86	117	147	178	209	239	10	40
25	227	258	26	57	87	118	148	179	210	240	11	41
26	228	259	27	58	88	119	149	180	211	241	12	42
27	229	260	28	59	89	120	150	181	212	242	13	43
28	230	1	29	60	90	121	151	182	213	243	14	44
29	231		30	61	91	122	152	183	214	244	15	45
30	232		31	62	92	123	153	184	215	245	16	46
31	233		32		93		154	185		246		47

■1947・1999年

	1月	2月	3月	4月	5月	6月	7月	8月	9月	10月	11月	12月
1	48	79	107	138	168	199	229	260	31	61	92	122
2	49	80	108	139	169	200	230	1	32	62	93	123
3	50	81	109	140	170	201	231	2	33	63	94	124
4	51	82	110	141	171	202	232	3	34	64	95	125
5	52	83	111	142	172	203	233	4	35	65	96	126
6	53	84	112	143	173	204	234	5	36	66	97	127
7	54	85	113	144	174	205	235	6	37	67	98	128
8	55	86	114	145	175	206	236	7	38	68	99	129
9	56	87	115	146	176	207	237	8	39	69	100	130
10	57	88	116	147	177	208	238	9	40	70	101	131
11	58	89	117	148	178	209	239	10	41	71	102	132
12	59	90	118	149	179	210	240	11	42	72	103	133
13	60	91	119	150	180	211	241	12	43	73	104	134
14	61	92	120	151	181	212	242	13	44	74	105	135
15	62	93	121	152	182	213	243	14	45	75	106	136
16	63	94	122	153	183	214	244	15	46	76	107	137
17	64	95	123	154	184	215	245	16	47	77	108	138
18	65	96	124	155	185	216	246	17	48	78	109	139
19	66	97	125	156	186	217	247	18	49	79	110	140
20	67	98	126	157	187	218	248	19	50	80	111	141
21	68	99	127	158	188	219	249	20	51	81	112	142
22	69	100	128	159	189	220	250	21	52	82	113	143
23	70	101	129	160	190	221	251	22	53	83	114	144
24	71	102	130	161	191	222	252	23	54	84	115	145
25	72	103	131	162	192	223	253	24	55	85	116	146
26	73	104	132	163	193	224	254	25	56	86	117	147
27	74	105	133	164	194	225	255	26	57	87	118	148
28	75	106	134	165	195	226	256	27	58	88	119	149
29	76		135	166	196	227	257	28	59	89	120	150
30	77		136	167	197	228	258	29	60	90	121	151
31	78		137		198		259	30		91		152

付録2　西暦とマヤ暦の対照表

■1948・2000年

	1月	2月	3月	4月	5月	6月	7月	8月	9月	10月	11月	12月
1	153	184	213	243	13	44	74	105	136	166	197	227
2	154	185	214	244	14	45	75	106	137	167	198	228
3	155	186	215	245	15	46	76	107	138	168	199	229
4	156	187	216	246	16	47	77	108	139	169	200	230
5	157	188	217	247	17	48	78	109	140	170	201	231
6	158	189	218	248	18	49	79	110	141	171	202	232
7	159	190	219	249	19	50	80	111	142	172	203	233
8	160	191	220	250	20	51	81	112	143	173	204	234
9	161	192	221	251	21	52	82	113	144	174	205	235
10	162	193	222	252	22	53	83	114	145	175	206	236
11	163	194	223	253	23	54	84	115	146	176	207	237
12	164	195	224	254	24	55	85	116	147	177	208	238
13	165	196	225	255	25	56	86	117	148	178	209	239
14	166	197	226	256	26	57	87	118	149	179	210	240
15	167	198	227	257	27	58	88	119	150	180	211	241
16	168	199	228	258	28	59	89	120	151	181	212	242
17	169	200	229	259	29	60	90	121	152	182	213	243
18	170	201	230	260	30	61	91	122	153	183	214	244
19	171	202	231	1	31	62	92	123	154	184	215	245
20	172	203	232	2	32	63	93	124	155	185	216	246
21	173	204	233	3	33	64	94	125	156	186	217	247
22	174	205	234	4	34	65	95	126	157	187	218	248
23	175	206	235	5	35	66	96	127	158	188	219	249
24	176	207	236	6	36	67	97	128	159	189	220	250
25	177	208	237	7	37	68	98	129	160	190	221	251
26	178	209	238	8	38	69	99	130	161	191	222	252
27	179	210	239	9	39	70	100	131	162	192	223	253
28	180	211	240	10	40	71	101	132	163	193	224	254
29	181	212	241	11	41	72	102	133	164	194	225	255
30	182		242	12	42	73	103	134	165	195	226	256
31	183		243		43		104	135		196		257

■1949・2001年

	1月	2月	3月	4月	5月	6月	7月	8月	9月	10月	11月	12月
1	258	29	57	88	118	149	179	210	241	11	42	72
2	259	30	58	89	119	150	180	211	242	12	43	73
3	260	31	59	90	120	151	181	212	243	13	44	74
4	1	32	60	91	121	152	182	213	244	14	45	75
5	2	33	61	92	122	153	183	214	245	15	46	76
6	3	34	62	93	123	154	184	215	246	16	47	77
7	4	35	63	94	124	155	185	216	247	17	48	78
8	5	36	64	95	125	156	186	217	248	18	49	79
9	6	37	65	96	126	157	187	218	249	19	50	80
10	7	38	66	97	127	158	188	219	250	20	51	81
11	8	39	67	98	128	159	189	220	251	21	52	82
12	9	40	68	99	129	160	190	221	252	22	53	83
13	10	41	69	100	130	161	191	222	253	23	54	84
14	11	42	70	101	131	162	192	223	254	24	55	85
15	12	43	71	102	132	163	193	224	255	25	56	86
16	13	44	72	103	133	164	194	225	256	26	57	87
17	14	45	73	104	134	165	195	226	257	27	58	88
18	15	46	74	105	135	166	196	227	258	28	59	89
19	16	47	75	106	136	167	197	228	259	29	60	90
20	17	48	76	107	137	168	198	229	260	30	61	91
21	18	49	77	108	138	169	199	230	1	31	62	92
22	19	50	78	109	139	170	200	231	2	32	63	93
23	20	51	79	110	140	171	201	232	3	33	64	94
24	21	52	80	111	141	172	202	233	4	34	65	95
25	22	53	81	112	142	173	203	234	5	35	66	96
26	23	54	82	113	143	174	204	235	6	36	67	97
27	24	55	83	114	144	175	205	236	7	37	68	98
28	25	56	84	115	145	176	206	237	8	38	69	99
29	26		85	116	146	177	207	238	9	39	70	100
30	27		86	117	147	178	208	239	10	40	71	101
31	28		87		148		209	240		41		102

■1950・2002年

	1月	2月	3月	4月	5月	6月	7月	8月	9月	10月	11月	12月
1	103	134	162	193	223	254	24	55	86	116	147	177
2	104	135	163	194	224	255	25	56	87	117	148	178
3	105	136	164	195	225	256	26	57	88	118	149	179
4	106	137	165	196	226	257	27	58	89	119	150	180
5	107	138	166	197	227	258	28	59	90	120	151	181
6	108	139	167	198	228	259	29	60	91	121	152	182
7	109	140	168	199	229	260	30	61	92	122	153	183
8	110	141	169	200	230	1	31	62	93	123	154	184
9	111	142	170	201	231	2	32	63	94	124	155	185
10	112	143	171	202	232	3	33	64	95	125	156	186
11	113	144	172	203	233	4	34	65	96	126	157	187
12	114	145	173	204	234	5	35	66	97	127	158	188
13	115	146	174	205	235	6	36	67	98	128	159	189
14	116	147	175	206	236	7	37	68	99	129	160	190
15	117	148	176	207	237	8	38	69	100	130	161	191
16	118	149	177	208	238	9	39	70	101	131	162	192
17	119	150	178	209	239	10	40	71	102	132	163	193
18	120	151	179	210	240	11	41	72	103	133	164	194
19	121	152	180	211	241	12	42	73	104	134	165	195
20	122	153	181	212	242	13	43	74	105	135	166	196
21	123	154	182	213	243	14	44	75	106	136	167	197
22	124	155	183	214	244	15	45	76	107	137	168	198
23	125	156	184	215	245	16	46	77	108	138	169	199
24	126	157	185	216	246	17	47	78	109	139	170	200
25	127	158	186	217	247	18	48	79	110	140	171	201
26	128	159	187	218	248	19	49	80	111	141	172	202
27	129	160	188	219	249	20	50	81	112	142	173	203
28	130	161	189	220	250	21	51	82	113	143	174	204
29	131		190	221	251	22	52	83	114	144	175	205
30	132		191	222	252	23	53	84	115	145	176	206
31	133		192		253		54	85		146		207

■1951・2003年

	1月	2月	3月	4月	5月	6月	7月	8月	9月	10月	11月	12月
1	208	239	7	38	68	99	129	160	191	221	252	22
2	209	240	8	39	69	100	130	161	192	222	253	23
3	210	241	9	40	70	101	131	162	193	223	254	24
4	211	242	10	41	71	102	132	163	194	224	255	25
5	212	243	11	42	72	103	133	164	195	225	256	26
6	213	244	12	43	73	104	134	165	196	226	257	27
7	214	245	13	44	74	105	135	166	197	227	258	28
8	215	246	14	45	75	106	136	167	198	228	259	29
9	216	247	15	46	76	107	137	168	199	229	260	30
10	217	248	16	47	77	108	138	169	200	230	1	31
11	218	249	17	48	78	109	139	170	201	231	2	32
12	219	250	18	49	79	110	140	171	202	232	3	33
13	220	251	19	50	80	111	141	172	203	233	4	34
14	221	252	20	51	81	112	142	173	204	234	5	35
15	222	253	21	52	82	113	143	174	205	235	6	36
16	223	254	22	53	83	114	144	175	206	236	7	37
17	224	255	23	54	84	115	145	176	207	237	8	38
18	225	256	24	55	85	116	146	177	208	238	9	39
19	226	257	25	56	86	117	147	178	209	239	10	40
20	227	258	26	57	87	118	148	179	210	240	11	41
21	228	259	27	58	88	119	149	180	211	241	12	42
22	229	260	28	59	89	120	150	181	212	242	13	43
23	230	1	29	60	90	121	151	182	213	243	14	44
24	231	2	30	61	91	122	152	183	214	244	15	45
25	232	3	31	62	92	123	153	184	215	245	16	46
26	233	4	32	63	93	124	154	185	216	246	17	47
27	234	5	33	64	94	125	155	186	217	247	18	48
28	235	6	34	65	95	126	156	187	218	248	19	49
29	236		35	66	96	127	157	188	219	249	20	50
30	237		36	67	97	128	158	189	220	250	21	51
31	238		37		98		159	190		251		52

■1952・2004年

	1月	2月	3月	4月	5月	6月	7月	8月	9月	10月	11月	12月
1	53	84	113	143	173	204	234	5	36	66	97	127
2	54	85	114	144	174	205	235	6	37	67	98	128
3	55	86	115	145	175	206	236	7	38	68	99	129
4	56	87	116	146	176	207	237	8	39	69	100	130
5	57	88	117	147	177	208	238	9	40	70	101	131
6	58	89	118	148	178	209	239	10	41	71	102	132
7	59	90	119	149	179	210	240	11	42	72	103	133
8	60	91	120	150	180	211	241	12	43	73	104	134
9	61	92	121	151	181	212	242	13	44	74	105	135
10	62	93	122	152	182	213	243	14	45	75	106	136
11	63	94	123	153	183	214	244	15	46	76	107	137
12	64	95	124	154	184	215	245	16	47	77	108	138
13	65	96	125	155	185	216	246	17	48	78	109	139
14	66	97	126	156	186	217	247	18	49	79	110	140
15	67	98	127	157	187	218	248	19	50	80	111	141
16	68	99	128	158	188	219	249	20	51	81	112	142
17	69	100	129	159	189	220	250	21	52	82	113	143
18	70	101	130	160	190	221	251	22	53	83	114	144
19	71	102	131	161	191	222	252	23	54	84	115	145
20	72	103	132	162	192	223	253	24	55	85	116	146
21	73	104	133	163	193	224	254	25	56	86	117	147
22	74	105	134	164	194	225	255	26	57	87	118	148
23	75	106	135	165	195	226	256	27	58	88	119	149
24	76	107	136	166	196	227	257	28	59	89	120	150
25	77	108	137	167	197	228	258	29	60	90	121	151
26	78	109	138	168	198	229	259	30	61	91	122	152
27	79	110	139	169	199	230	260	31	62	92	123	153
28	80	111	140	170	200	231	1	32	63	93	124	154
29	81	112	141	171	201	232	2	33	64	94	125	155
30	82		142	172	202	233	3	34	65	95	126	156
31	83		143		203		4	35		96		157

■1953・2005年

	1月	2月	3月	4月	5月	6月	7月	8月	9月	10月	11月	12月
1	158	189	217	248	18	49	79	110	141	171	202	232
2	159	190	218	249	19	50	80	111	142	172	203	233
3	160	191	219	250	20	51	81	112	143	173	204	234
4	161	192	220	251	21	52	82	113	144	174	205	235
5	162	193	221	252	22	53	83	114	145	175	206	236
6	163	194	222	253	23	54	84	115	146	176	207	237
7	164	195	223	254	24	55	85	116	147	177	208	238
8	165	196	224	255	25	56	86	117	148	178	209	239
9	166	197	225	256	26	57	87	118	149	179	210	240
10	167	198	226	257	27	58	88	119	150	180	211	241
11	168	199	227	258	28	59	89	120	151	181	212	242
12	169	200	228	259	29	60	90	121	152	182	213	243
13	170	201	229	260	30	61	91	122	153	183	214	244
14	171	202	230	1	31	62	92	123	154	184	215	245
15	172	203	231	2	32	63	93	124	155	185	216	246
16	173	204	232	3	33	64	94	125	156	186	217	247
17	174	205	233	4	34	65	95	126	157	187	218	248
18	175	206	234	5	35	66	96	127	158	188	219	249
19	176	207	235	6	36	67	97	128	159	189	220	250
20	177	208	236	7	37	68	98	129	160	190	221	251
21	178	209	237	8	38	69	99	130	161	191	222	252
22	179	210	238	9	39	70	100	131	162	192	223	253
23	180	211	239	10	40	71	101	132	163	193	224	254
24	181	212	240	11	41	72	102	133	164	194	225	255
25	182	213	241	12	42	73	103	134	165	195	226	256
26	183	214	242	13	43	74	104	135	166	196	227	257
27	184	215	243	14	44	75	105	136	167	197	228	258
28	185	216	244	15	45	76	106	137	168	198	229	259
29	186		245	16	46	77	107	138	169	199	230	260
30	187		246	17	47	78	108	139	170	200	231	1
31	188		247		48		109	140		201		2

■1954・2006年

	1月	2月	3月	4月	5月	6月	7月	8月	9月	10月	11月	12月
1	3	34	62	93	123	154	184	215	246	16	47	77
2	4	35	63	94	124	155	185	216	247	17	48	78
3	5	36	64	95	125	156	186	217	248	18	49	79
4	6	37	65	96	126	157	187	218	249	19	50	80
5	7	38	66	97	127	158	188	219	250	20	51	81
6	8	39	67	98	128	159	189	220	251	21	52	82
7	9	40	68	99	129	160	190	221	252	22	53	83
8	10	41	69	100	130	161	191	222	253	23	54	84
9	11	42	70	101	131	162	192	223	254	24	55	85
10	12	43	71	102	132	163	193	224	255	25	56	86
11	13	44	72	103	133	164	194	225	256	26	57	87
12	14	45	73	104	134	165	195	226	257	27	58	88
13	15	46	74	105	135	166	196	227	258	28	59	89
14	16	47	75	106	136	167	197	228	259	29	60	90
15	17	48	76	107	137	168	198	229	260	30	61	91
16	18	49	77	108	138	169	199	230	1	31	62	92
17	19	50	78	109	139	170	200	231	2	32	63	93
18	20	51	79	110	140	171	201	232	3	33	64	94
19	21	52	80	111	141	172	202	233	4	34	65	95
20	22	53	81	112	142	173	203	234	5	35	66	96
21	23	54	82	113	143	174	204	235	6	36	67	97
22	24	55	83	114	144	175	205	236	7	37	68	98
23	25	56	84	115	145	176	206	237	8	38	69	99
24	26	57	85	116	146	177	207	238	9	39	70	100
25	27	58	86	117	147	178	208	239	10	40	71	101
26	28	59	87	118	148	179	209	240	11	41	72	102
27	29	60	88	119	149	180	210	241	12	42	73	103
28	30	61	89	120	150	181	211	242	13	43	74	104
29	31		90	121	151	182	212	243	14	44	75	105
30	32		91	122	152	183	213	244	15	45	76	106
31	33		92		153		214	245		46		107

■1955・2007年

	1月	2月	3月	4月	5月	6月	7月	8月	9月	10月	11月	12月
1	108	139	167	198	228	259	29	60	91	121	152	182
2	109	140	168	199	229	260	30	61	92	122	153	183
3	110	141	169	200	230	1	31	62	93	123	154	184
4	111	142	170	201	231	2	32	63	94	124	155	185
5	112	143	171	202	232	3	33	64	95	125	156	186
6	113	144	172	203	233	4	34	65	96	126	157	187
7	114	145	173	204	234	5	35	66	97	127	158	188
8	115	146	174	205	235	6	36	67	98	128	159	189
9	116	147	175	206	236	7	37	68	99	129	160	190
10	117	148	176	207	237	8	38	69	100	130	161	191
11	118	149	177	208	238	9	39	70	101	131	162	192
12	119	150	178	209	239	10	40	71	102	132	163	193
13	120	151	179	210	240	11	41	72	103	133	164	194
14	121	152	180	211	241	12	42	73	104	134	165	195
15	122	153	181	212	242	13	43	74	105	135	166	196
16	123	154	182	213	243	14	44	75	106	136	167	197
17	124	155	183	214	244	15	45	76	107	137	168	198
18	125	156	184	215	245	16	46	77	108	138	169	199
19	126	157	185	216	246	17	47	78	109	139	170	200
20	127	158	186	217	247	18	48	79	110	140	171	201
21	128	159	187	218	248	19	49	80	111	141	172	202
22	129	160	188	219	249	20	50	81	112	142	173	203
23	130	161	189	220	250	21	51	82	113	143	174	204
24	131	162	190	221	251	22	52	83	114	144	175	205
25	132	163	191	222	252	23	53	84	115	145	176	206
26	133	164	192	223	253	24	54	85	116	146	177	207
27	134	165	193	224	254	25	55	86	117	147	178	208
28	135	166	194	225	255	26	56	87	118	148	179	209
29	136		195	226	256	27	57	88	119	149	180	210
30	137		196	227	257	28	58	89	120	150	181	211
31	138		197		258		59	90		151		212

■1956・2008年

	1月	2月	3月	4月	5月	6月	7月	8月	9月	10月	11月	12月
1	213	244	13	43	73	104	134	165	196	226	257	27
2	214	245	14	44	74	105	135	166	197	227	258	28
3	215	246	15	45	75	106	136	167	198	228	259	29
4	216	247	16	46	76	107	137	168	199	229	260	30
5	217	248	17	47	77	108	138	169	200	230	1	31
6	218	249	18	48	78	109	139	170	201	231	2	32
7	219	250	19	49	79	110	140	171	202	232	3	33
8	220	251	20	50	80	111	141	172	203	233	4	34
9	221	252	21	51	81	112	142	173	204	234	5	35
10	222	253	22	52	82	113	143	174	205	235	6	36
11	223	254	23	53	83	114	144	175	206	236	7	37
12	224	255	24	54	84	115	145	176	207	237	8	38
13	225	256	25	55	85	116	146	177	208	238	9	39
14	226	257	26	56	86	117	147	178	209	239	10	40
15	227	258	27	57	87	118	148	179	210	240	11	41
16	228	259	28	58	88	119	149	180	211	241	12	42
17	229	260	29	59	89	120	150	181	212	242	13	43
18	230	1	30	60	90	121	151	182	213	243	14	44
19	231	2	31	61	91	122	152	183	214	244	15	45
20	232	3	32	62	92	123	153	184	215	245	16	46
21	233	4	33	63	93	124	154	185	216	246	17	47
22	234	5	34	64	94	125	155	186	217	247	18	48
23	235	6	35	65	95	126	156	187	218	248	19	49
24	236	7	36	66	96	127	157	188	219	249	20	50
25	237	8	37	67	97	128	158	189	220	250	21	51
26	238	9	38	68	98	129	159	190	221	251	22	52
27	239	10	39	69	99	130	160	191	222	252	23	53
28	240	11	40	70	100	131	161	192	223	253	24	54
29	241	12	41	71	101	132	162	193	224	254	25	55
30	242		42	72	102	133	163	194	225	255	26	56
31	243		43		103		164	195		256		57

■1957・2009年

	1月	2月	3月	4月	5月	6月	7月	8月	9月	10月	11月	12月
1	58	89	117	148	178	209	239	10	41	71	102	132
2	59	90	118	149	179	210	240	11	42	72	103	133
3	60	91	119	150	180	211	241	12	43	73	104	134
4	61	92	120	151	181	212	242	13	44	74	105	135
5	62	93	121	152	182	213	243	14	45	75	106	136
6	63	94	122	153	183	214	244	15	46	76	107	137
7	64	95	123	154	184	215	245	16	47	77	108	138
8	65	96	124	155	185	216	246	17	48	78	109	139
9	66	97	125	156	186	217	247	18	49	79	110	140
10	67	98	126	157	187	218	248	19	50	80	111	141
11	68	99	127	158	188	219	249	20	51	81	112	142
12	69	100	128	159	189	220	250	21	52	82	113	143
13	70	101	129	160	190	221	251	22	53	83	114	144
14	71	102	130	161	191	222	252	23	54	84	115	145
15	72	103	131	162	192	223	253	24	55	85	116	146
16	73	104	132	163	193	224	254	25	56	86	117	147
17	74	105	133	164	194	225	255	26	57	87	118	148
18	75	106	134	165	195	226	256	27	58	88	119	149
19	76	107	135	166	196	227	257	28	59	89	120	150
20	77	108	136	167	197	228	258	29	60	90	121	151
21	78	109	137	168	198	229	259	30	61	91	122	152
22	79	110	138	169	199	230	260	31	62	92	123	153
23	80	111	139	170	200	231	1	32	63	93	124	154
24	81	112	140	171	201	232	2	33	64	94	125	155
25	82	113	141	172	202	233	3	34	65	95	126	156
26	83	114	142	173	203	234	4	35	66	96	127	157
27	84	115	143	174	204	235	5	36	67	97	128	158
28	85	116	144	175	205	236	6	37	68	98	129	159
29	86		145	176	206	237	7	38	69	99	130	160
30	87		146	177	207	238	8	39	70	100	131	161
31	88		147		208		9	40		101		162

■1958・2010年

	1月	2月	3月	4月	5月	6月	7月	8月	9月	10月	11月	12月
1	163	194	222	253	23	54	84	115	146	176	207	237
2	164	195	223	254	24	55	85	116	147	177	208	238
3	165	196	224	255	25	56	86	117	148	178	209	239
4	166	197	225	256	26	57	87	118	149	179	210	240
5	167	198	226	257	27	58	88	119	150	180	211	241
6	168	199	227	258	28	59	89	120	151	181	212	242
7	169	200	228	259	29	60	90	121	152	182	213	243
8	170	201	229	260	30	61	91	122	153	183	214	244
9	171	202	230	1	31	62	92	123	154	184	215	245
10	172	203	231	2	32	63	93	124	155	185	216	246
11	173	204	232	3	33	64	94	125	156	186	217	247
12	174	205	233	4	34	65	95	126	157	187	218	248
13	175	206	234	5	35	66	96	127	158	188	219	249
14	176	207	235	6	36	67	97	128	159	189	220	250
15	177	208	236	7	37	68	98	129	160	190	221	251
16	178	209	237	8	38	69	99	130	161	191	222	252
17	179	210	238	9	39	70	100	131	162	192	223	253
18	180	211	239	10	40	71	101	132	163	193	224	254
19	181	212	240	11	41	72	102	133	164	194	225	255
20	182	213	241	12	42	73	103	134	165	195	226	256
21	183	214	242	13	43	74	104	135	166	196	227	257
22	184	215	243	14	44	75	105	136	167	197	228	258
23	185	216	244	15	45	76	106	137	168	198	229	259
24	186	217	245	16	46	77	107	138	169	199	230	260
25	187	218	246	17	47	78	108	139	170	200	231	1
26	188	219	247	18	48	79	109	140	171	201	232	2
27	189	220	248	19	49	80	110	141	172	202	233	3
28	190	221	249	20	50	81	111	142	173	203	234	4
29	191		250	21	51	82	112	143	174	204	235	5
30	192		251	22	52	83	113	144	175	205	236	6
31	193		252		53		114	145		206		7

■1959・2011年

	1月	2月	3月	4月	5月	6月	7月	8月	9月	10月	11月	12月
1	8	39	67	98	128	159	189	220	251	21	52	82
2	9	40	68	99	129	160	190	221	252	22	53	83
3	10	41	69	100	130	161	191	222	253	23	54	84
4	11	42	70	101	131	162	192	223	254	24	55	85
5	12	43	71	102	132	163	193	224	255	25	56	86
6	13	44	72	103	133	164	194	225	256	26	57	87
7	14	45	73	104	134	165	195	226	257	27	58	88
8	15	46	74	105	135	166	196	227	258	28	59	89
9	16	47	75	106	136	167	197	228	259	29	60	90
10	17	48	76	107	137	168	198	229	260	30	61	91
11	18	49	77	108	138	169	199	230	1	31	62	92
12	19	50	78	109	139	170	200	231	2	32	63	93
13	20	51	79	110	140	171	201	232	3	33	64	94
14	21	52	80	111	141	172	202	233	4	34	65	95
15	22	53	81	112	142	173	203	234	5	35	66	96
16	23	54	82	113	143	174	204	235	6	36	67	97
17	24	55	83	114	144	175	205	236	7	37	68	98
18	25	56	84	115	145	176	206	237	8	38	69	99
19	26	57	85	116	146	177	207	238	9	39	70	100
20	27	58	86	117	147	178	208	239	10	40	71	101
21	28	59	87	118	148	179	209	240	11	41	72	102
22	29	60	88	119	149	180	210	241	12	42	73	103
23	30	61	89	120	150	181	211	242	13	43	74	104
24	31	62	90	121	151	182	212	243	14	44	75	105
25	32	63	91	122	152	183	213	244	15	45	76	106
26	33	64	92	123	153	184	214	245	16	46	77	107
27	34	65	93	124	154	185	215	246	17	47	78	108
28	35	66	94	125	155	186	216	247	18	48	79	109
29	36		95	126	156	187	217	248	19	49	80	110
30	37		96	127	157	188	218	249	20	50	81	111
31	38		97		158		219	250		51		112

付録2　西暦とマヤ暦の対照表

■1960・2012年

	1月	2月	3月	4月	5月	6月	7月	8月	9月	10月	11月	12月
1	113	144	173	203	233	4	34	65	96	126	157	187
2	114	145	174	204	234	5	35	66	97	127	158	188
3	115	146	175	205	235	6	36	67	98	128	159	189
4	116	147	176	206	236	7	37	68	99	129	160	190
5	117	148	177	207	237	8	38	69	100	130	161	191
6	118	149	178	208	238	9	39	70	101	131	162	192
7	119	150	179	209	239	10	40	71	102	132	163	193
8	120	151	180	210	240	11	41	72	103	133	164	194
9	121	152	181	211	241	12	42	73	104	134	165	195
10	122	153	182	212	242	13	43	74	105	135	166	196
11	123	154	183	213	243	14	44	75	106	136	167	197
12	124	155	184	214	244	15	45	76	107	137	168	198
13	125	156	185	215	245	16	46	77	108	138	169	199
14	126	157	186	216	246	17	47	78	109	139	170	200
15	127	158	187	217	247	18	48	79	110	140	171	201
16	128	159	188	218	248	19	49	80	111	141	172	202
17	129	160	189	219	249	20	50	81	112	142	173	203
18	130	161	190	220	250	21	51	82	113	143	174	204
19	131	162	191	221	251	22	52	83	114	144	175	205
20	132	163	192	222	252	23	53	84	115	145	176	206
21	133	164	193	223	253	24	54	85	116	146	177	207
22	134	165	194	224	254	25	55	86	117	147	178	208
23	135	166	195	225	255	26	56	87	118	148	179	209
24	136	167	196	226	256	27	57	88	119	149	180	210
25	137	168	197	227	257	28	58	89	120	150	181	211
26	138	169	198	228	258	29	59	90	121	151	182	212
27	139	170	199	229	259	30	60	91	122	152	183	213
28	140	171	200	230	260	31	61	92	123	153	184	214
29	141	172	201	231	1	32	62	93	124	154	185	215
30	142		202	232	2	33	63	94	125	155	186	216
31	143		203		3		64	95		156		217

■1961・2013年

	1月	2月	3月	4月	5月	6月	7月	8月	9月	10月	11月	12月
1	218	249	17	48	78	109	139	170	201	231	2	32
2	219	250	18	49	79	110	140	171	202	232	3	33
3	220	251	19	50	80	111	141	172	203	233	4	34
4	221	252	20	51	81	112	142	173	204	234	5	35
5	222	253	21	52	82	113	143	174	205	235	6	36
6	223	254	22	53	83	114	144	175	206	236	7	37
7	224	255	23	54	84	115	145	176	207	237	8	38
8	225	256	24	55	85	116	146	177	208	238	9	39
9	226	257	25	56	86	117	147	178	209	239	10	40
10	227	258	26	57	87	118	148	179	210	240	11	41
11	228	259	27	58	88	119	149	180	211	241	12	42
12	229	260	28	59	89	120	150	181	212	242	13	43
13	230	1	29	60	90	121	151	182	213	243	14	44
14	231	2	30	61	91	122	152	183	214	244	15	45
15	232	3	31	62	92	123	153	184	215	245	16	46
16	233	4	32	63	93	124	154	185	216	246	17	47
17	234	5	33	64	94	125	155	186	217	247	18	48
18	235	6	34	65	95	126	156	187	218	248	19	49
19	236	7	35	66	96	127	157	188	219	249	20	50
20	237	8	36	67	97	128	158	189	220	250	21	51
21	238	9	37	68	98	129	159	190	221	251	22	52
22	239	10	38	69	99	130	160	191	222	252	23	53
23	240	11	39	70	100	131	161	192	223	253	24	54
24	241	12	40	71	101	132	162	193	224	254	25	55
25	242	13	41	72	102	133	163	194	225	255	26	56
26	243	14	42	73	103	134	164	195	226	256	27	57
27	244	15	43	74	104	135	165	196	227	257	28	58
28	245	16	44	75	105	136	166	197	228	258	29	59
29	246		45	76	106	137	167	198	229	259	30	60
30	247		46	77	107	138	168	199	230	260	31	61
31	248		47		108		169	200		1		62

〈スタッフ〉

カバー・本文デザイン	オセロ
DTP	アイ・ハブ
校正	聚珍社、瀬上友里恵
図版イラスト	石井香里
構成	高橋扶美
編集	松原大輔

著者プロフィール

越川宗亮（こしかわ・そうすけ）

マヤ暦研究家・シンクロニシティ研究会主宰
1962年千葉県生まれ。中央大学出身。
マヤ暦、マヤの叡知を中心とした“人間学研究家”であり、“言葉のちから研究家”。学生時代「『人間研究』こそ最高の学問」との言葉に感銘を受け、それ以来「個人の本質」「人の活かし方」をテーマに研究。企業、地方自治体など、多方面にわたる講演依頼がある。これまで、教育、医療、会社人事、結婚など幅広い分野でマヤの叡知を用い、確実に成果をあげている。著書には『天職・ソウルメイトを引き寄せる「マヤ暦」の教え あなたの「生まれてきた目的」がわかれば、奇跡は起きる。』（大和出版）、『モンテッソーリ教育×マヤ暦～この２つの組み合わせが、子どもの無限の可能性を広げる!!』（ヘルナンデス真理・共著 /MAP出版）などがある。

願いは「もう一人の自分」が叶えてくれる

著者　　　越川宗亮

2021年12月16日　第1版第1刷発行

発行人　　齊藤晴都恵
発行所　　MAP出版
〒273-0032
千葉県船橋市葛飾町2-380-2-5F
TEL　047-411-9801
メール　info@map19.com
発売所　　星雲社（共同出版社・流通責任出版社）
〒112-0005
東京都文京区水道1-3-30
TEL　03-3868-3275

印刷・製本　株式会社シナノパブリッシングプレス

ISBN 978-4-434-29924-7　C0011